公立医院党建实务与创新

本书编委会 编

上海大学出版社
·上海·

图书在版编目(CIP)数据

公立医院党建实务与创新 / 本书编委会编. —上海：上海大学出版社，2023.12
 ISBN 978-7-5671-4894-9

Ⅰ.①公… Ⅱ.①本… Ⅲ.①中国共产党-医院-党的建设-研究 Ⅳ.①D267.6

中国国家版本馆 CIP 数据核字(2023)第 237522 号

责任编辑　位雪燕
封面设计　柯国富
技术编辑　金　鑫　钱宇坤

公立医院党建实务与创新

本书编委会　编
上海大学出版社出版发行
(上海市上大路 99 号　邮政编码 200444)
(https://www.shupress.cn　发行热线 021-66135112)
出版人　戴骏豪

*

南京展望文化发展有限公司排版
江阴市机关印刷服务有限公司印刷　各地新华书店经销
开本 710mm×1000mm　1/16　印张 12.5　字数 205 千
2023 年 12 月第 1 版　2023 年 12 月第 1 次印刷
ISBN 978-7-5671-4894-9/D·261　定价 68.00 元

版权所有　侵权必究
如发现本书有印装质量问题请与印刷厂质量科联系
联系电话：0510-86688678

公立医院党建实务与创新编委会

主　　编：范理宏　余　飞
副主编：温　静　刘　晖　李昌斌　陈万里
编　　委：万祎洁　徐　倍　何　平　靳　茜
　　　　　赵　晶　秦　艺　方子祥　滕　健
　　　　　张翼飞　李冠辰　张宇航
编写秘书：朱　辉　杨　洋

序

习近平总书记指出,人民健康是社会文明进步的基础,是民族昌盛和国家富强的重要标志,也是广大人民群众的共同追求。公立医院是我国医疗服务体系的主体,肩负着重要的政治责任和社会责任。中央对公立医院的党建工作及高质量发展提出一系列明确要求,党的二十大通过的《中国共产党章程(修正案)》也把医院明确列入基层单位类型,进一步强调了新时代加强党建工作对公立医院的重大意义,明确了以高质量党建工作引领公立医院高质量发展是新时代社会健康发展的必然需要。

近年来,各级公立医院始终坚持和加强党对医院的全面领导,注重从制度建设、学科发展、医疗服务等多方面促进党建工作与业务工作深度融合。但是,对于公立医院的基层党支部而言,仍需要在标准化、规范化、融合度、创新性上下功夫。当前,公立医院党支部书记多为兼职党支部书记,新形势下党务工作如何在标准化、规范化的基础上实现双融双促与创新发展成为一大挑战。如何营造和形成带头人领航、党务工作者协同、党员共同努力的基层党支部工作态势,如何增强基层骨干队伍执政本领、提升党务工作者专业素养、发挥党员先锋模范作用是编撰本书的出发点和落脚点。本书主编范理宏教授长期深耕基层党建领域研究,聚焦当前公立医院党务工作实际,将多年实践成果凝聚编撰《公立医院党建实务与创新》。本书以"夯基""立柱""架梁""赋能"为四大板块,全面系统地介绍公立医院党建工作的实践经验和创新成果。每个板块除了与读者分享了相关理论和实操案例外,还提供了党务工作的相关制度示例、工作流程示范、常见问题解答等内容。

  本书凝结了编写组全体成员多年来积累下来的宝贵经验,更是他们每个人生动的工作纪实。相信本书能为公立医院党务工作者提供"参考样本",也期待能以此推进支部标准化建设,全面提高公立医院党建工作水平,为公立医院高质量发展注入强劲的"红色动能"。希望本书能够帮助广大医疗领域的同行,能结合自身实际、有针对性地把书中的要点和实操示例运用到工作中去,从学中做,在做中学,坚定理想信念,加强理论学习,在党建工作中凝聚合力,切实发挥党员的先锋示范作用和医者的精诚奉献精神,以党建赋能业务发展,以优质的医疗服务水平助推健康中国建设,护佑人民健康。

2023 年 12 月

前言

加强公立医院党的建设是医疗卫生体制的重要保障,要求公立医院加强党对各项工作的全面领导,切实发挥党联系人民、服务群众的重要窗口作用。扎实提升公立医院基层党建工作质量,对于新形势下公立医院高质量发展至关重要,目前较少有专著系统、全面地阐述公立医院党建工作模式。

本书主编深耕党建领域多年,始终走在改革前沿,经过长期积累,形成一套可复制、可推广、体系化的党建实务经验,并获得行业认可,先后荣获中国医院管理奖党建文化类金奖、中国现代医院管理医院党建典型案例等荣誉。为了与同行们分享经验、勉励前行,特编撰此书。

本书分为四大篇章,从"夯基""立柱""架梁""赋能"四个方面逐层深入探讨公立医院党支部标准化建设、公立医院党支部规范化建设、公立医院党建业务深度融合以及公立医院基层党建创新实践四个方面的实务工作,突出政策的导向性、理论的专业性、制度的可实践性和案例的可借鉴性特点,契合当前公立医院基层党建工作的实际需求。相信本书能够成为公立医院党务工作者的"工作宝典"。

最后,要向所有为本书提供帮助和支持的诸多专家表示感谢。本书获得上海市哲学社会科学课题"基于'制度+科技'智慧云平台的基层党建应用研究"、国家卫生健康委党校公立医院党务工作者能力提升项目"后疫情时代公立医院智慧云赋能党建高质量发展研究"、上海市党的建设研究会研究课题"智慧党建赋能基层公立医院党支部政治功能的实证研究"、上海市教卫党委党建研究课题"基于'制度＋科技'智慧党建云平台的应用研究"等专项课题和资金的支持。

限于编写时间及编写队伍的水平,加之公立医院党建工作不断向深发展,本书难免存在疏漏之处,诚恳读者提出宝贵的意见。

目 录

第一章 "夯基"——公立医院党支部标准化建设 … 1
第一节 公立医院党支部设置标准化 … 1
一、公立医院基层党支部的成立与设置 … 1
二、公立医院基层党支部的调整与撤销 … 6
三、公立医院基层党支部的选举与换届 … 7
第二节 公立医院党支部保障标准化 … 22
一、公立医院基层党支部基础性保障需求 … 22
二、公立医院基层党支部经费管理及使用 … 23
三、公立医院党支部委员考核性津贴 … 33
第三节 公立医院党支部运行标准化 … 34
一、公立医院党员院领导调研联系机制 … 34
二、公立医院党支部述职评议考核制度 … 41
三、公立医院党支部民主评议党员制度 … 48

第二章 "立柱"——公立医院党支部规范化建设 … 54
第一节 公立医院党的组织生活规范化 … 54
一、党的组织生活基本内容 … 54
二、公立医院组织生活开展形式 … 56
三、公立医院党支部党内组织生活制度 … 57

四、公立医院党员干部双重组织生活制度 ·················· 65
　　五、公立医院党支部党内组织生活常见问题 ·············· 67
第二节　公立医院支部委员队伍建设规范化 ················· 69
　　一、基层队伍的建设历史和职责 ·························· 69
　　二、公立医院支部委员的分工和职责 ····················· 70
　　三、公立医院支部委员任职资格要求 ····················· 73
　　四、党支部委员增补调整流程 ····························· 74
第三节　公立医院发展党员工作规范化 ······················ 77
　　一、公立医院党组织发展党员工作特色 ··················· 78
　　二、公立医院党组织发展党员工作程序 ··················· 79
　　三、公立医院发展党员工作的实施细则 ··················· 92
　　四、党员院领导发展党员重点培养对象联系制度 ·········· 98
　　五、公立医院不合格党员处置制度 ······················· 103
　　六、公立医院发展党员工作学习贯彻要点 ················ 104

第三章　"架梁"——公立医院基层党建业务深度融合 ······ 110
　第一节　党建引领干部人才建设 ··························· 110
　　一、公立医院中层管理干部轮岗交流制度 ················ 110
　　二、公立医院领导干部联系高层次人才制度 ·············· 112
　　三、公立医院青年人才联系制度 ·························· 115
　　四、公立医院后备干部选拔培养管理制度 ················ 117
　第二节　党建引领学科建设发展 ··························· 127
　　一、公立医院临床业务科室核心小组工作制度 ············ 127
　　二、公立医院党员院领导定点联系党支部制度 ············ 130
　　三、公立医院党建查房基层调研工作制度 ················ 131
　第三节　党建引领学科管理实践 ··························· 134
　　一、品管圈项目内涵及公立医院发展运用 ················ 134
　　二、公立医院品管圈项目研究指南及方案 ················ 137

三、公立医院品管圈研究项目申报及管理 ·········· 143

第四章 "赋能"——公立医院基层党建创新实践 ·········· 148
第一节 公立医院基层党建学术化 ·········· 148
一、医疗系统党建研究工作内涵 ·········· 148
二、公立医院党建课题相关制度及方案 ·········· 149
三、公立医院党建研究课题实践 ·········· 152
四、公立医院如何将党建研究工作落到实处 ·········· 165

第二节 公立医院基层党建品牌化 ·········· 166
一、党建服务品牌建设的基本内涵与特征 ·········· 166
二、公立医院党建服务品牌相关活动方案 ·········· 168

第三节 公立医院基层党建智慧化 ·········· 171
一、公立医院智慧党建现状与需求 ·········· 171
二、公立医院智慧党建工作方案 ·········· 174
三、公立医院智慧党建工作实践 ·········· 177

参考文献 ·········· 184

第一章

"夯基"——公立医院党支部标准化建设

第一节 公立医院党支部设置标准化

一、公立医院基层党支部的成立与设置

(一)党支部成立与设置的历史背景

《中国共产党支部工作条例(试行)》(简称《条例》)把党支部设置当作组织体系建设的基本内容,为新时代加强党支部建设提供了基本遵循。因此,我们要从发展的角度考察党支部建设,汲取党支部建设的历史经验,把握党支部设置的规律和着力点。在了解公立医院基层党支部的设立之初,需要了解党支部成立与设置相关制度及条例等的历史延展。

支部设置的历史:支部设置可以追溯到无产阶级政党初创时期。共产主义者同盟于1847年在英国伦敦创建。该同盟组织机构分为支部、区部、中央委员会和代表大会[①],依次逐级提升。由此可见,支部是共产主义者同盟最基础的组织机构,也是支部最早的雏形。

马克思列宁主义关于党支部设置的历史:在列宁的领导下,俄国无产阶级政党以支部为基础单位进行组织建设,在部队、农村、工厂的基层组织中均设立党支部。党支部成为在群众中"进行鼓动工作、宣传工作和实际组织工

---

① 中共中央马克思恩格斯列宁斯大林著作编译局.马克思恩格斯全集:第10卷[M].北京:人民出版社,1998:745.

作的据点"①。支部建设为十月革命的胜利、新生政权的巩固、社会主义建设提供了坚强的思想和组织保障。

中国共产党党支部设置的历史：中国共产党吸取各政党建设的宝贵经验，结合中国革命、建设和改革的实际，进行了一系列理论探索和实践，制定了党支部设立的原则。

毛泽东提出的"支部建在连上"的主张成为党支部建设的重要法则。在抗日战争、解放战争时期，中国共产党以支部建设为基础，加强党员的思想政治教育和管理，同时大力发展党员，宣传党的主张，扩大党的影响，增强党的力量，"在每一个工厂、矿山、农村、企业、街道、连队、机关、学校等等之内，凡有党员三人以上者，即成立党的支部组织"②。

中华人民共和国成立后，中国共产党继续加强党支部的制度建设和作风建设，对党支部的工作秩序进行整顿，强调党委领导在支部建设中的重要性，完善支部建设体系，努力提升党支部建设质量。支部设置的有效推进，密切了党与群众的联系，提升了党支部的战斗力。

(二)党支部成立与设置的相关条例

在实际工作中，《条例》对党支部的成立与设置提出了明确的要求，根据内容，主要把握四个方面：一是党支部成立与设置的基本要求，二是两种特殊形式党支部成立与设置的要求，三是党支部成立与设置的程序要求，四是党支部成立的具体细节。

1. 党支部成立与设置的基本要求

根据《条例》，党支部的设置主要包括三大要求，包括人数要求、范围要求和时间要求。

(1)人数要求。《条例》第二章第四条规定：企业、农村、机关、学校、科研院所、社区、社会组织、人民解放军和武警部队连(中)队以及其他基层单位，凡是有正式党员3人以上的，都应当成立党支部。

党支部党员人数的上限一般不超过50人。机关党员50人以上、100人以下

---

① 中共中央马克思恩格斯列宁斯大林著作编译局.列宁全集：第17卷[M].北京：人民出版社，1988：338.

② 中共中央党史研究室，中央档案馆.中国共产党第七次全国代表大会档案文献选编3[M].北京：中共党史出版社，2022：1027.

的,设立党的总支部委员会。党员不足50人的,因工作需要,经上级党组织批准,也可以设立党的总支部委员会。机关党员100人以上的,设立党的基层委员会。党员不足100人的,因工作需要,经上级党组织批准,也可以设立党的基层委员会。[①]

(2) 范围要求。党支部的设置范围条件,一般以单位、区域为主,以单独组建为主要方式。《条例》第二章第五条规定:流动党员较多,工作地或者居住地相对固定集中,应当由流出地党组织协商流入地党组织,依托园区、商会、行业协会、驻外地办事机构等成立流动党员党支部。

(3) 时间要求。《条例》第二章第五条规定,为期6个月以上的工程、工作项目等,符合条件的,应当成立党支部。

2. 两种特殊形式党支部成立与设置的要求

(1) 正式党员不足3人的单位,成立联合党支部。《条例》第二章第五条规定,正式党员不足3人的单位,应当按照地域相邻、行业相近、规模适当、便于管理的原则,成立联合党支部。联合党支部覆盖单位一般不超过5个。医院党员人数不足3人的科室可参照该规定成立联合党支部,但成立的联合党支部覆盖科室一般不超过5个。

(2) 为执行某项任务临时组建的机构,成立临时党支部。《条例》第二章第八条规定,为执行某项任务临时组建的机构,党员组织关系不转接的,经上级党组织批准,可以成立临时党支部。临时党支部主要组织党员开展政治学习,教育、管理、监督党员,对入党积极分子进行教育培养等,一般不发展党员、处分处置党员,不收缴党费,不选举党代表大会代表和进行换届。临时党支部书记、副书记和委员由批准其成立的党组织指定。临时组建的机构撤销后,临时党支部自然撤销。

3. 党支部成立与设置的程序要求

《条例》第二章第六条规定,党支部的成立,一般由基层单位提出申请,所在乡镇(街道)或者单位基层党委召开会议研究决定并批复,批复时间一般不超过1个月。

基层党委审批同意后,基层单位召开党员大会选举产生党支部委员会或者不设委员会的党支部书记、副书记。批复和选举结果由基层党委报上级党委组织

[①] 中国共产党党和国家机关基层组织工作条例(2010年6月4日).[EB/OL].[2015-03-11]. https://news.12371.cn/2015/03/11/ARTI1426059830583947_all.shtml

部门备案。根据工作需要，上级党委可以直接作出在基层单位成立党支部的决定。

4. 党支部成立与设置的文体要求

基层单位以书面形式向上级党委呈报成立党支部的请示。请示内容一般如下。

（1）单位的性质、概况、人员数量、党员（正式党员和预备党员）人数、拟建党支部的依据和理由、党支部委员会的设置方案等，并附党员名册。

（2）上级党委召开党委会会议集体研究并批复。批复时间一般不超过 1 个月。需注意：一是"集体研究"，也就是要召开党委会会议进行集体讨论，而不能简单地经相关领导阅批同意；二是"批复"，也就是要形成正式的批复文件，而不能简单地以口头或其他方式反馈；三是"不超过 1 个月"；四是批复后及时在全国党员管理信息系统中建立党支部并将党员的组织关系转入该党支部。

具体请示及批复细节，参考示例 1.1—1.4。

关于成立 A 医院 B 党支部的请示

中共 A 医院委员会：

我部门成立于 2023 年 6 月，主要从事医疗质量管理、医疗月度考核等工作。目前，部门共有员工 25 人、党员 15 人，其中正式党员 14 人、预备党员 1 人。为加强党的建设，更好地教育、管理、监督党员和组织、宣传、凝聚、服务群众，现申请成立中共 A 医院 B 支部委员会。党支部委员会拟由 5 人组成，设书记、副书记、纪检委员、组织委员、宣传委员各 1 名。

妥否，请批示。

中共 A 医院 B 党支部筹建小组
2023 年 7 月 1 日

关于同意成立 A 医院 B 党支部的批复

中共 A 医院 B 党支部筹建小组：

2023 年 7 月 1 日，《关于成立 A 医院 B 党支部的请示》收悉。经党委会会议研究决定,同意成立中共 A 医院 B 支部委员会,同意党支部委员会委员设置。

请按照规定及时做好党员组织关系转接等工作。

特此批复。

中共 A 医院委员会
2023 年 7 月 18 日

关于成立 A 医院 B 党支部的通知

各党总支、党支部：

为加强党的领导,提升党的组织和工作覆盖,经党委研究决定,成立中共 A 医院 B 支部委员会。

请各有关党组织按照规定及时做好党员组织关系接转和党支部委员会选举等工作。

特此通知。

中共 A 医院委员会
2023 年 7 月 20 日

关于成立中共 A 医院 B 总支部委员会的请示

中共 A 医院委员会：

B 总支部委员会筹建小组于 2023 年 6 月 1 日批复成立。近年来,在上级党组织的指导下,党支部切实发挥战斗堡垒作用,带领党员和职工群众……(可列举近年来取得的工作成效)。

目前 B 总支部委员会筹建小组党员已增加至 75 名,为进一步规范党组织设置,提升党建工作标准化、规范化水平,现申请成立中共 A 医院 B 总支部委员会,下设中共 A 医院 C 支部委员会、中共 A 医院 D 支部委员会、中共 A 医院 E 支部委员会 3 个党支部。中共 A 医院 B 总支部委员会拟由 5 人组成,设书记、副书记、纪检委员、组织委员、宣传委员各 1 名。

妥否，请批示。

中共 A 医院 B 总支部委员会筹建小组

2023 年 8 月 1 日

二、公立医院基层党支部的调整与撤销

（一）党支部调整与撤销的情形与程序

1. 党支部调整和撤销的情形

党支部要根据工作任务的需要和党员人数的变化适时进行调整或撤销。一是根据党员人数变化进行调整和撤销。一般当党支部党员人数超过 50 人或正式党员不足 3 人时，要予以调整或撤销。在实际工作中调整或撤销党支部，要充分考虑基层单位的实际情况，要有利于支部开展工作、发挥战斗堡垒作用。二是根据支部所在单位、区域变化进行调整，如在机构改革中出现单位合并或撤销，要相应地进行党的组织的调整或撤销。①

2. 党支部调整和撤销的程序

《条例》第二章第七条规定，党支部调整或撤销，一般由党支部报所在单位基层党委批准，也可以由所在单位基层党委直接作出决定，并报上级党委组织部门备案。党支部调整为党总支或党委的，要按照有关规定做好委员会的选举；党支部撤销的，原党支部委员会组成人员相关职务自行免除，有关党组织按照上级要求做好原党组织的材料交接和党员组织关系的转接工作。

（二）党支部的调整与撤销相关示例

1. 提出撤销党支部的请示

党委（总支）对所属党支部撤销（合并）要召开党委（总支）会议集体研究讨论决定。党委（总支）同意后，要把撤销党支部的请示上报有审批权的上级党组织。撤销党支部的请示要写明撤销该党支部的理由、该党支部党员人数、撤销后的党员去向等，具体可参考示例 1.5。

---

① 本书编写组.新编基层党务工作手册[M].北京：党建读物出版社，2022：34.

关于撤销 B 党支部的请示

中共 A 医院委员会：

因内部组织机构设置调整，B 科室已撤销机构设置，科室隶属的 B 党支部不再符合设立条件，根据《中国共产党章程》《中国共产党支部工作条例（试行）》有关规定，申请撤销 B 党支部，党支部下辖党员归属根据人事变动实际纳入其他党支部管理。

妥否，请批示。

中共 A 医院 B 支部委员会
2023 年 8 月 1 日

2.上级党组织批复

上级党组织收到党支部上报的撤销支部的请示后，要在进一步了解情况的基础上立会集体讨论审批，并将批复及时发至提出呈请的党支部。

关于同意撤销 B 党支部的批复

B 党支部：

你支部呈报的《关于撤销 B 党支部的请示》收悉，经医院党委研究，同意撤销 B 党支部，党支部下辖党员归属根据人事变动实际纳入其他党支部管理。

特此批复。

中共 A 医院委员会
2023 年 8 月 3 日

3.妥善安排撤销支部后党员的组织生活

接到批复后，要通知被撤销党支部的所有党员，告知他们所去的党组织，并开具组织关系介绍信，将组织关系转到新的党支部，使他们能及时参加组织生活。

三、公立医院基层党支部的选举与换届

（一）党内基层选举的历史

党内选举制度是从马克思、恩格斯、列宁创立无产阶级政党开始就被高度

重视的党内民主制度形态。我们党从一成立开始,就在历次党代会通过的党章中继承和发展了由革命导师们所创立的党内选举制度思想,并形成了不断丰富完善的党内选举制度体系。

党内基层选举从不规范、不完善逐步发展到常态化、制度化,经历了较长的过程,大致可分为新民主主义革命时期、过渡时期和社会主义建设时期、改革开放时期、新时代四个发展阶段。①

党的一大选举产生了中央局,在大会通过的《中国共产党纲领》中首次规定了党内选举的方式,其中第九条指出,凡党员"超过30人的,应由委员会的成员中选出一个执行委员会"②。

党的二大党章第六条规定,经中央执行委员会许可,各区有两个地方委员会以上,可召集区代表会,"推举五人组成该区执行委员会,并推举候补委员三人"③。

党的七大通过的党章首次规定了党员的权利和义务,明确规定党员在党内有选举权和被选举权,还对以往关于党内选举的规定作了进一步的细化,如第二章第十八条规定,"党的各级领导机关,凡能进行选举的地方,均须由选举产生之"④。

党的八大后至1957年底,整个党内基层选举工作呈现出良好的发展态势。"文化大革命"期间,党内选举制度受到严重冲击和破坏。

1980年2月,党的十一届五中全会正式通过《关于党内政治生活的若干准则》,恢复党内民主选举制度,规定了发展党内民主的一系列原则,而且第一次郑重提出了差额选举的原则。⑤

---

① 张南.党的基层组织选举工作的基本遵循——学习贯彻《中国共产党基层组织选举工作条例》[J].党课参考,2020(16):27-45+2.
② 中国共产党纲领(俄文译稿)(1921年中共一大通过).[EB/OL].[2012-10-25]. https://www.12371.cn/2012/10/25/ARTI1351154713556305.shtml
③ 中国共产党章程(1922年7月二大通过).[EB/OL].[2014-12-24].https://fuwu.12371.cn/2014/12/24/ARTI1419385961662704.shtml
④ 中国共产党党章(一九四五年六月十一日中国共产党第七次全国代表大会通过).[EB/OL].[2014-12-24].https://fuwu.12371.cn/2014/12/24/ARTI1419387009014124.shtml
⑤ 关于党内政治生活的若干准则(1980年2月29日中国共产党第十一届中央委员会第五次全体会议通过).[EB/OL].[2015-03-11].https://news.12371.cn/2015/03/11/ARTI1426059362559711.shtml

1990年6月印发的《中国共产党基层组织选举工作暂行条例》和1994年1月印发的《中国共产党地方组织选举工作条例》,分别对党的基层组织和地方组织的选举方法、选举实施以及监督等环节作出了具体的明文规定。自此,党内基层选举有了一定的规范,并逐步走向程序化。

2004年9月,中共中央正式颁布实施了《中国共产党党员权利保障条例》,该条例规定了党员应有的选举权和被选举权等各项权利以及保障措施。

党的十八大在党内基层选举制度的完善方面作出了具体部署,提出"健全党员民主权利保障制度""营造党内民主监督的制度环境""规范差额提名、差额选举""完善党员定期评议基层党组织领导班子等制度",分别从民主权利、民主监督、程序设计、评议制度等方面作出制度完善的路径选择。[1]

2017年,党的十九大通过了《中国共产党章程(修正案)》,将基层党组织的任期统一。其中第五章第三十一条规定,"党的基层委员会、总支部委员会、支部委员会每届任期三年至五年"[2]。

2020年7月,中共中央印发《中国共产党基层组织选举工作条例》,在党员的权利、代表的产生、委员的产生,以及选举的实施、呈报审批、纪律监督等方面都作出了详细的规范,建立起一套适合实际操作的选举工作规范,是做好新时代基层党组织选举工作的基本遵循。

因此,《中国共产党基层组织选举工作条例》的印发,是党的组织建设的一项重要制度安排。调整党的基层组织任期及规范基层组织选举工作,是立足基层实际,在全面总结基层党组织换届实践经验基础上作出的重大政策完善,对于做好基层党组织换届工作、增强基层党组织功能和作用具有重要意义。

(二)《中国共产党基层组织选举工作条例》相关条例的学习贯彻要点

2020年7月,中共中央印发《中国共产党基层组织选举工作条例》(以下简称《选举工作条例》)。《选举工作条例》共七章四十一条,主要包括:第一章"总则",明确《选举工作条例》制定目的和依据、适用范围等,强调深入贯彻习近平

---

[1] 胡锦涛在中国共产党第十八次全国代表大会上的报告.[EB/OL].[2012-11-17]. https://www.12371.cn/2012/11/17/ARTI1353154601465336.shtml

[2] 中国共产党章程(中国共产党第十九次全国代表大会部分修改,2017年10月24日通过).[EB/OL].[2017-10-28].https://www.12371.cn/2017/10/28/ARTI1509191507150883.shtml

新时代中国特色社会主义思想,贯彻落实新时代党的建设总要求和新时代党的组织路线,增强党组织政治功能和组织力。第二章"代表的产生",总结党的十九大以来党代会代表选举工作的有效经验,对代表名额分配、资格条件、产生程序等作出规定。第三章"委员会的产生",重点对不同领域、类型和层级党的基层组织的委员资格条件提出原则性要求,强调发挥上级党组织领导把关作用。第四章"选举的实施",主要就会议条件、候选人介绍、选举有效性及有效票界定、报告得票情况等作出规定。第五章"呈报审批",对召开党员大会或者党员代表大会的请示、人事安排方案的请示和选举结果的报批等作出规定。第六章"纪律和监督",强调严肃基层党组织选举纪律,明确执行情况纳入巡视巡察监督工作内容。第七章"附则",明确解释权归属等。[1]

《选举工作条例》既深入贯彻党中央最新精神,又积极回应基层实际需求;既坚持目标导向、问题导向、结果导向相统一,又坚持求解思维、优解思维,提出务实管用的措施;既注意总结以往成熟做法,又注重发挥制度效能,充分体现指导性、针对性和操作性。

1.《选举工作条例》中关于党员代表的学习贯彻要点

(1)问:党员代表大会的代表应符合哪些条件?

答:党员代表大会的代表应当自觉增强"四个意识"、坚定"四个自信"、做到"两个维护",遵守党章党规党纪和法律法规,具有履行职责的能力,能反映本选举单位的意见,代表党员的意志。[2]

(2)问:党员代表名额是如何规定的?

答:党员代表的名额一般为100名至200名,最多不超过300名。具体名额由召集党员代表大会的党组织按照有利于党员了解和直接参与党内事务、有利于讨论决定问题的原则确定,报上级党组织批准。[3]

党员代表名额的分配根据所辖党组织数量、党员人数和党员代表具有广泛性的原则确定。优化党员代表结构,确保生产和工作一线党员代表比例。

---

[1] 中国共产党基层组织选举工作条例(2020年6月29日中共中央政治局会议审议批准 2020年7月13日中共中央发布).[EB/OL].[2020-07-20].https://www.12371.cn/2020/07/20/ARTI1595242491980252.shtml

[2]《中国共产党基层组织选举工作条例》学习问答.[EB/OL].[2020-07-28].https://www.12371.cn/2020/07/28/ARTI1595925983268194.shtml

[3]《中国共产党基层组织选举工作条例》学习问答.[EB/OL].[2020-07-28].https://www.12371.cn/2020/07/28/ARTI1595925986230195.shtml

大型国有企业、高等学校召开党员代表大会,其二级企业、直属单位党组织隶属其他地方或者单位党组织,且党员人数较多的,可以适当分配一定党员代表名额。①

代表候选人的差额不少于应选人数的20%。

(3)问:党员代表产生的主要程序有哪些?

答:党员代表产生的主要程序是:① 从党支部开始推荐提名。根据多数党组织和党员的意见,提出党员代表候选人推荐人选。② 选举单位就党员代表候选人推荐人选与上级党组织沟通,提出党员代表候选人初步人选。采取适当方式加强审核把关,可以对党员代表候选人初步人选在一定范围内公示。③ 选举单位研究确定党员代表候选人预备人选,报召开党员代表大会的党的基层委员会审查。④ 选举单位召开党员大会或者党员代表大会,根据多数选举人的意见确定候选人,进行选举。②

(4)问:如何进行党员代表资格审查?

答:上届党的委员会成立党员代表资格审查小组,负责对党员代表的产生程序和资格进行审查。

党员代表的产生不符合规定程序的,应当责成原选举单位重新进行选举;党员代表不具备资格的,应当责成原选举单位撤换。

党员代表资格审查小组应当向党员代表大会预备会议报告审查情况。经审查通过后的党员代表,获得正式资格。③

2.《选举工作条例》中关于委员会委员候选人的学习贯彻要点

(1)问:党的基层组织的委员会委员候选人如何产生?产生的原则是什么?名额有什么要求?

答:党的基层组织设立的委员会委员候选人,按照德才兼备、以德为先和班子结构合理的原则提名。

不同领域、不同类型和不同层级党的基层组织,其委员候选人的条件,根据党中央精神和上级党组织要求,可以结合实际情况进一步细化。④

委员候选人的差额不少于应选人数的20%。⑤

---

①②③《中国共产党基层组织选举工作条例》学习问答.[EB/OL].[2020-07-28]. https://www.12371.cn/2020/07/28/ARTI1595925986230195.shtml

④⑤《中国共产党基层组织选举工作条例》学习问答.[EB/OL].[2020-07-28]. https://www.12371.cn/2020/07/28/ARTI1595926318384242.shtml

(2)问：委员会委员候选人如何产生？

答：党的总支部委员会、支部委员会委员的产生，由上届委员会根据多数党员的意见提出人选，报上级党组织审查同意后，组织党员酝酿确定候选人，在党员大会上进行选举。①

党的基层委员会委员和经批准设立的纪律检查委员会委员的产生，召开党员大会的，由上届党的委员会根据所辖多数党组织的意见提出人选，报上级党组织审查同意后，组织党员酝酿确定候选人，提交党员大会进行选举；召开党员代表大会的，由上届党的委员会根据所辖多数党组织的意见提出人选，报上级党组织审查同意后，提请大会主席团讨论通过，由大会主席团提交各代表团(组)酝酿讨论，根据多数代表的意见确定候选人，提交党员代表大会进行选举。②

(3)问：党的基层组织的书记、副书记是怎样产生的？

答：党的基层组织中，设立委员会的党支部的书记、副书记的产生，由上届委员会提出候选人，报上级党组织审查同意后，在委员会全体会议上进行选举。③

不设委员会的党支部的书记、副书记的产生，由全体党员充分酝酿，提出候选人，报上级党组织审查同意后进行选举。④

(4)问：常务委员会委员候选人如何产生？

答：经批准设立常务委员会的委员会，其常务委员会委员候选人，由上届委员会按照比应选人数多1至2人的差额提出，报上级党组织审查同意后，在委员会全体会议上进行选举。⑤

委员会委员在任期内出缺，一般应当召开党员大会或者党员代表大会补选。

上级党组织认为有必要时，可以调动或者指派下级党组织的负责人。⑥

3.《选举工作条例》中关于选举的学习贯彻要点

(1)问：选举时，对于选举人数有何要求和规定？选举由谁主持？具体怎么规定的？

答：选举时，有选举权的到会人数不少于应到会人数的五分之四，会议有效。⑦

召开党员大会进行选举，由上届委员会主持。不设委员会的党支部进行选

---

①②③④⑤⑥⑦《中国共产党基层组织选举工作条例》学习问答.[EB/OL].[2020-07-28].https://www.12371.cn/2020/07/28/ARTI1595926318384242.shtml

举,由上届党支部书记主持。

召开党员代表大会进行选举,由大会主席团主持。大会主席团成员由上届党的委员会或者各代表团(组)从代表中提名,经全体代表酝酿讨论,提交党员代表大会预备会议表决通过。

委员会第一次全体会议选举常务委员会委员和书记、副书记,召开党员代表大会的,由大会主席团指定1名新选出的委员主持;召开党员大会的,由上届委员会推荐1名新当选的委员主持。①

(2)问:选举前,选举人如何了解候选人的情况?

答:选举前,选举单位的党组织或者大会主席团应当以适当方式将候选人的简历、工作实绩和主要优缺点向选举人作出实事求是的介绍,对选举人提出的询问作出负责的答复。根据选举人的要求,可以组织候选人与选举人见面,回答选举人提出的问题。②

(3)问:选举必须设有监票人和计票人,监票人和计票人如何产生?分别有哪些职责?

答:选举设有监票人,负责对选举全过程进行监督。党员大会或者党员代表大会选举的监票人,由全体党员或者各代表团(组)从不是候选人的党员或者代表中推选,经党员大会、党员代表大会或者大会主席团会议表决通过。委员会选举的监票人,从不是书记、副书记、常务委员会委员候选人的委员中推选,经全体委员表决通过。③

选举设有计票人,计票人在监票人的监督下进行工作。

(4)问:选举时,选票上的候选人名单排列顺序有何规定?选举人可以委托他人代为投票吗?

答:选举采用无记名投票的方式。④选票上的代表和委员、常务委员会委员候选人名单以姓氏笔画为序排列,书记、副书记候选人名单按照上级党组织批准的顺序排列。⑤

选举人不能填写选票的,可以由本人委托非候选人按照选举人的意志代写。因故未出席会议的党员或者代表不能委托他人代为投票。⑥

(5)问:选举人在选举时可以行使哪些权利?如果对候选人不满意,可以

---

①②③④⑤⑥《中国共产党基层组织选举工作条例》学习问答.[EB/OL].[2020-07-28].https://www.12371.cn/2020/07/28/ARTI1595927767932483.shtml

另选他人吗?

答:选举人对候选人可以投赞成票或者不赞成票,也可以弃权。投不赞成票者可以另选他人。①

投票结束后,监票人、计票人应当将投票人数、发出选票数和收回选票数加以核对,作出记录,由监票人签字并报告被选举人的得票数。②

(6)问:哪些情况下选票有效?哪些为无效选票?

答:选举收回的选票数,等于或者少于投票人数,选举有效;多于投票人数,选举无效,应当重新选举。

每一选票所选人数,等于或者少于规定应选人数的为有效票,多于规定应选人数的为无效票。③

实行差额预选时,赞成票超过应到会有选举权人数半数的,方可列为正式候选人。④

进行正式选举时,被选举人获得的赞成票超过应到会有选举权人数半数的,始得当选。

获得赞成票超过半数的被选举人数多于应选名额时,以得票多少为序,至取足应选名额为止。如遇票数相等不能确定当选人时,应当就票数相等的被选举人再次投票,得赞成票多的当选。

获得赞成票超过半数的被选举人数少于应选名额时,对不足的名额另行选举。如果接近应选名额,经半数以上选举人同意或者大会主席团决定,也可以减少名额,不再进行选举。⑤

(7)问:被选举人得票情况向谁报告?当选人名单排名有何规定?

答:被选举人得票情况,包括得赞成票、不赞成票、弃权票和另选他人等,预选时由监票人向上届委员会或者大会主席团报告,正式选举时由监票人向选举人报告。⑥

当选人名单由会议主持人向选举人宣布。⑦

当选的党员代表大会代表、委员会委员,其名单以姓氏笔画为序排列。

当选的常务委员会委员和书记、副书记,其名单按照上级党组织批准的顺

---

① 《中国共产党基层组织选举工作条例》学习问答.[EB/OL].[2020-07-28].https://www.12371.cn/2020/07/28/ARTI1595927767932483.shtml

②③④⑤⑥⑦ 《中国共产党基层组织选举工作条例》学习问答.[EB/OL].[2020-07-28].https://www.12371.cn/2020/07/28/ARTI1595928156452571.shtml

序排列。①

4.《选举工作条例》中关于呈报审批的学习贯彻要点

(1)问：召开党员大会和党员代表大会需要上级党组织审批吗？

答：需要。召开党员大会或者党员代表大会的请示，按照党组织隶属关系，报有审批权限的上级党组织审批。召开党员大会的，一般提前1个月报批；召开党员代表大会的，一般提前4个月报批。②

(2)问：候选人预备人选，需要报上级党组织审批吗？

答：需要。新一届党的委员会和纪律检查委员会委员、常务委员会委员和书记、副书记候选人预备人选，一般于召开党员大会或者党员代表大会1个月前，报有审批权限的上级党组织审批。③

选出的委员，报上级党组织备案；常务委员会委员和书记、副书记，报上级党组织批准。

纪律检查委员会选出的常务委员会委员和书记、副书记，经同级党的委员会通过后，报上级党组织批准。④

5.《选举工作条例》中关于附则的学习贯彻要点

问：选举单位可以制定本单位的选举办法吗？《选举工作条例》还有其他哪些规定？

答：可以。选举单位应当根据本条例制定选举办法，经党员大会或者党员代表大会讨论通过后执行。⑤

(三) 公立医院基层党支部的选举相关制度和方案示例

党支部设置调整和选举工作方案

根据中共中央《中国共产党支部工作条例(试行)》、A市市委办公厅《关于加强公立医院党的建设工作的实施意见》等法规和文件精神要求，结合A医院

---

①②《中国共产党基层组织选举工作条例》学习问答.[Z/OL].[2020-07-28]. https://www.12371.cn/2020/07/28/ARTI1595928156452571.shtml

③④⑤《中国共产党基层组织选举工作条例》学习问答.[Z/OL].[2020-07-28]. https://www.12371.cn/2020/07/28/ARTI1595928501129622.shtml

党的组织建设工作实际,为全面贯彻落实习近平新时代中国特色社会主义思想,进一步提升基层党支部组织力,突出政治功能,更好地贯彻党的路线、方针、政策,把党支部建设放在更加突出的位置,加强党支部标准化、规范化建设,不断提高党支部建设质量,经A医院党委研究决定,制定本工作方案。

一、指导思想

以习近平新时代中国特色社会主义思想为指导,全面贯彻党的二十大精神以及市委、市教卫工作党委、上级主管单位党委相关文件精神,以《中国共产党章程》为依据,结合相关法规和文件精神要求,对照《中国共产党基层组织选举工作条例》,坚持党的领导,认真贯彻民主集中制原则,充分发扬党内民主,选好配强支委班子、选优配强党支部书记,充分发挥党支部直接教育党员、管理党员、监督党员和组织群众、宣传群众、凝聚群众、服务群众的职责,引导广大党员发挥先锋模范作用。

二、党支部委员会的设置

(1) 有正式党员7人以上的党支部,应当设立党支部委员会,党支部委员会由3或5人组成,经党支部党员大会选举产生。党支部委员会设书记、组织委员、宣传委员、纪检委员、青年委员等,必要时可以设1名副书记。

(2) 正式党员不足7人的党支部,设1名书记,必要时可以设1名副书记。

(3) 支部党员人数计算截止本方案发布之日。

三、党支部委员任职基本条件

推行"德才兼备、任人唯贤"和"双向进入、交叉任职"的原则,任职基本条件如下。

(1) 认真学习贯彻习近平新时代中国特色社会主义思想,深入贯彻落实党的二十大精神,自觉坚持党的基本路线,坚决执行党的各项政策及法律法规,有较高的政策理论水平。

(2) 坚持党的宗旨和群众观点,密切联系群众,善于做群众工作,在党员和群众中有较高的威信。

(3) 热爱和熟悉党务工作,有一定的党务工作经验,有强烈的责任心和使命感,能够尽责完成党组织交给的各项任务,善于根据党的政策要求,创造性地开展工作。

(4) 具有一定的专业水平和管理能力,能够引领党员和科室员工围绕中心工作,紧贴实际做好党建和思想政治工作。

(5) 清正廉洁,勤政为民,公道正派,作风过硬,踏实肯干,以身作则,勇于同不良现象作斗争。

(6) 医院在职在岗并具有被选举权的正式党员。

(7) 党支部书记通常由内部组织机构党员负责人担任,一般应当有1年以上党龄。(可根据医院发展实际需要对党支部委员任职设定要求,如:党支部委员距离岗位退休年限至少1年以上)

(8) 内部组织机构负责人均不是党员,党支部若独立设置,重点在非党员的内部组织机构负责人中发展党员,可通过选举产生非科主任的支部书记,待条件成熟时,支部书记应当鼓励由内部组织机构的党员负责人担任。

(9) 支部委员会委员的组成要符合专业上优势互补、分布上合理、有利于工作的要求。

鼓励中层干部和支部委员交叉任职,积极推荐优秀的年轻党员和优秀的党员工青妇骨干作为支部委员推荐人选。

四、党支部选举工作组织机构

为加强对本次党支部选举工作的领导,确保选举工作顺利进行,医院党委成立党支部选举工作领导小组和工作小组。

(1) 领导小组:建议设组长、副组长、组员。

(2) 工作小组:建议设组长及组员。

五、选举办法及步骤

(一) 选举程序

按照上级党组织进一步推进党内基层民主的要求,本次支部选举中,各党支部委员会均通过无记名投票的方式产生。

(1) 第一轮为支部推荐:不设支部委员会的党支部,等额推荐支部书记(支部副书记)候选人,设支部委员会的党支部按照20%的差额推荐支部委员候选人,候选人名单报党委审议。

(2) 第二轮支部选举:支部召开支部党员大会进行直接选举,在党委审议通过的候选人名单中,不设支部委员会的党支部选举产生支部书记(支部副书记),设支部委员会的党支部选举产生支部委员。

(3) 支部委员分工:设立支部委员会的支部组织新当选的委员召开第一次委员会会议,通过无记名投票选举产生党支部书记,并对委员进行分工。

(二) 具体工作安排

本次党支部选举工作,在保证质量的前提下,分六个阶段进行。

（1）第一阶段：调研分析。对全院党支部、党员以及内部组织机构进行全面调研分析，拟定支部换届选举工作的具体方案。

（2）第二阶段：宣传动员。党委会审议通过具体方案后召开支部书记会议进行动员，成立支部选举工作领导小组，落实组员分工负责筹备工作，研究新一届支部委员会名额，确定召开党员大会的时间及议程。

（3）第三阶段：请示推荐。各支部选举工作领导小组向党委提交支部设置调整和成立支部委员会以及支部委员候选人的请示。根据20%的差额，不设立支部委员会的支部推荐支部书记、支部副书记候选人；设立支部委员会的支部推荐支委候选人。

（4）第四阶段：考察审议。医院党委支部选举工作领导小组负责组织对支部候选人进行资格审查、考察，报院党委会审议。

（5）第五阶段：直接选举。经党委会议研究下达批复后，各党支部按照有关规定和程序召开党员大会，选举产生支部委员会或者不设委员会的支部书记、副书记，选出的支部委员报医院党委备案；支部书记、副书记，报医院党委批准。

（6）第六阶段：结果批复。党委审议各支部选举结果并下达批复。（选举结果公示5个工作日）

在换届过程中如有不良情况发生，可及时向相关部门反映。

中共A医院委员会
2023年6月30日

示例1.8

党支部设置调整选举工作程序

一、向党委提交党支部设置调整的请示

请示的内容包括：现有正式党员、预备党员的数量；党支部委员会组成人数和委员设置方案；下届委员会委员候选人预备名单；选举大会的具体日期等。请示文书示例如下。

关于成立中共B支部委员会的请示

中共A医院委员会：

为了使党员能及时过组织生活和经常得到上级党委的指导，充分发挥党支部战斗堡垒的作用，依据党章的有关规定和医院党委的统一部署，特申请成立

B党支部委员会。

党支部拟辖D科室、E科室、F科室,现有正式党员28名,预备党员4名,党支部委员会拟由5人组成,拟设党支部书记、党支部副书记兼纪检统战委员、组织委员、宣传委员、青年委员各1名。根据多数党员的意见,按照候选人数多于应选人数20%的比例,最后确定张某等6名同志为新的一届党支部委员会委员候选人预备人选,其中李某为党支部书记候选人预备人选,王某为党支部副书记候选人预备人选。

党支部拟定于2023年7月7日召开支部党员大会,采取无记名投票方式和差额选举办法,选举产生新的一届党支部委员会。

妥否,请批示。

中共B支部委员会
2023年6月30日

附:候选人情况简介:

张某,男,1979年4月出生,2005年5月入党,研究生学历,副主任医师,B科室副主任。

李某,女,1986年5月出生,2006年7月入党,研究生学历,副主任医师。

王某,女,1973年1月出生,1999年11月入党,本科学历,副主任护师。

赵某,男,1989年4月出生,2010年11月入党,本科学历,技师。

孙某,男,1975年6月出生,2020年4月入党,研究生学历,主任医师,B科室主任。

周某,女,1997年1月出生,2021年9月入党,研究生学历,护师。

二、党委审查并批复

(1)党委审查党支部成立支部委员会理由是否充分;委员和书记名额是否合理;选举办法是否符合党章及《选举工作条例》的规定。

(2)批复(不)同意召开党支部党员大会选举。

三、党支部召开选举大会

(1)清点党员人数,有选举权的到会人数超过应到会人数的4/5,大会可以开始。

(2)主持人具体说明本支部有多少正式党员、多少预备党员,有选举权和被选举权的党员多少,到会参加选举的有多少党员,宣读候选人名单。

(3)主持人宣读大会选举办法。

中共B支部党员大会选举办法(草案)
(提请党员大会通过)

根据《中国共产党章程》《中国共产党基层组织选举工作条例》等有关规定精神，制定本办法。

① 本次党员大会选举产生中共B支部委员会，选举组织工作由支部选举筹备工作小组负责。

② 中共B支部委员会由5人组成，委员实行差额选举，差额1名，候选人名单经公开民主推荐产生，协商确定。

③ 党员大会选举采取无记名投票方式，在大会上集中进行。候选人名单以姓氏笔画为序排列，未到会党员不得委托他人代为投票。

④ 进行选举时，有选举权的到会人数超过应到会人数的4/5，选举有效，被选举人获得赞成票超过实到会有选举权人数的一半始得当选。若得票超过半数的候选人多于应选名额，则以得票多少为序，取足应选名额；若得票数相等且不能确定当选人，则就票数相等的候选人再进行投票选举，得票多的当选；若得票超过半数的候选人少于应选名额，不足的名额是否再选，应由党员大会在集中多数党员意见的基础上讨论决定。

⑤ 党员对选票上的候选人，可以投赞成票，可以投不赞成票，也可以投弃权票。投赞成票者在候选人姓名上方标号格内画"○"，不赞成画"×"，弃权不画任何符号。投不赞成票者可以另选他人，如另选他人，可将另选人的姓名写在选票预留的姓名空格内，并在其姓名上方的标号格内画"○"号；投弃权票者，不可另选他人。选票一律用钢笔或水笔填写。

⑥ 收回的选票等于或少于发出的选票，选举有效；收回的选票多于发出的选票，选举无效，应重新进行选举。每张选票所选的人数等于或少于应选人数的有效，多于应选人数的无效。

⑦ 大会选举设监票人2名，计票人2名。经大会举手表决通过，计票人在监票人监督下进行工作，候选人不得担任选举工作人员。

⑧ 计票结束后，由监票人向大会报告计票结果，由会议主持人宣布选举结果。

⑨ 本选举办法，提交党员大会通过后生效。

中共B支部选举筹备工作组
2023年7月7日

(4) 推选并通过计票人和监票人名单。
(5) 进行无记名投票。
(6) 当众开票、计票、宣布结果。

（党员大会全体党员投票选举）

中共 A 医院委员会党支部选举选票（委员）

支部名称：B 党支部

选举时间：2023 年 7 月 7 日

（以姓氏笔画为序）

候选人1	候选人2	候选人3	候选人4	候选人5	候选人6	

说明：

① 此选票由党支部全体有选举权的党员填写。

② 所选人数等于或少于 5 名为有效票，超过 5 名为无效票。

③ 对候选人赞成的，在其姓名上方标号格内画"○"号，不同意的画"×"，弃权的不划任何符号。如另选他人，可将另选人的姓名写在选票预留的姓名空格内，并在其姓名上方标号格内画"○"号。

四、召开第一次支部委员会

(1) 通过无记名投票的方式产生党支部书记、副书记。
(2) 讨论各委员的具体分工。

投票选举党支部书记

（党支部委员会新一届支委投票选举）

中共 A 医院委员会党支部选举选票（党支部书记）

党支部名称：B 党支部

选举时间：2023 年 7 月 7 日

党支部书记候选人	

说明：

① 此选票由党支部新一届支部委员填写。

② 所选人数等于1名为有效票,超过1名为无效票。

③ 对候选人赞成的,在其姓名上方标号格内画"○"号,不同意的画"×",弃权的不画任何符号。如另选他人,可将另选人的姓名写在选票预留的姓名空格内,并在其姓名上方标号格内画"○"号。

五、向医院党委报告选举情况

新一届党支部委员会要及时将选举结果书面呈报医院党委批准。报告文书参考格式如下。

关于B党支部选举结果的报告

中共A医院委员会:

我党支部于2023年7月7日召开了党员大会,应到会党员32名,实到会党员31名,其中有选举权的正式党员28名。

根据党章规定,经到会党员充分酝酿讨论,采取无记名投票方式和差额选举办法,选举张某等5名同志为新一届党支部委员会委员。

7月7日,新当选的党支部委员会委员,召开了第一次支部委员会会议,选举李某同志为党支部书记、王某同志为党支部副书记,并分工赵某同志担任纪检委员,孙某同志担任组织委员,张某同志担任宣传委员。

妥否,请批示。

中共A医院B支部委员会
2023年7月7日

六、审批

党委研究讨论、下发批复。

七、归档

将有关党支部设置调整的资料进行归档。

第二节　公立医院党支部保障标准化

一、公立医院基层党支部基础性保障需求

党的十八大以来,在公立医院党的建设工作中,各级党组织切实发挥了党组织的领导作用,确保公立医院党的建设工作落到实处、见到实效。各级党组织强化组织保障、制度保障、要素保障,确保公立医院党的建设工作更上新台

阶、达到新水平。

强化组织保障,不断加强工作指导。各级党组织要加强业务指导,建立构建统一归口、条块结合、责任明晰、有机衔接的公立医院党建工作格局,上级党委组织部门要牵头抓好公立医院党的建设工作,各级卫生健康、民政、人社等部门要直接给予相关指导。同时,要组建一支公立医院党建工作员队伍,加强公立医院党的建设工作的业务指导,确保公立医院各项党建工作任务落地落实、发挥作用。

强化制度保障,推动形成工作合力。各级党组织要全面落实党建工作责任制,公立医院党组织书记作为第一责任人,对公立医院党的建设工作负总责,并实行"一岗双责"制,公立医院其他班子成员要具体承担相关责任。同时,建立部门联席会议制度,定期分析公立医院党建工作状况、协商研究解决突出问题,形成良好的工作局面。

强化要素保障,营造干事创业氛围。公立医院各级党委,要加大公立医院党的建设工作在人财物等方面的保障力度,严格落实工作机构设置、人员配备和经费预算等,加强党员活动场所等方面的建设。按照公立医院职工总数的一定比例,配齐配强专职党务工作人员,加大公立医院党务工作者的培训力度,并比照医院同级行政管理人员落实相关待遇,确保公立医院党的建设工作做到实处。

二、公立医院基层党支部经费管理及使用

（一）中共创建时期的经费及党费的历史

1. 中共创建时期的经费

有关中共创建时期的经费来源情况的史料十分零散,主要见于共产国际与中国革命档案资料,中共早期文件、报告以及参与创建党组织的相关人物回忆录中。从目前掌握的资料来看,当时的经费主要来源于共产国际的援助、成员的自我支持以及向社会募捐等方面。

（1）共产国际援助。20世纪20年代初上海的革命局下设三个部,即出版部、宣传报道部和组织部。出版部有自己的印刷厂,印刷了包含《共产党宣言》在内的许多刊物,并创办了《劳动界》周报,创刊号一次印刷2 000份,一分钱一份,由出版部印刷厂承印。宣传报道部成立了俄华通讯社。组织部主要致力于在学生中间做宣传工作,并派遣他们去同工人和士兵建立联系。该三个部的经费中有很大一部分来源于共产国际的援助。此外,还有个别小组也间接得到了

共产国际的经费援助。包惠僧回忆：武汉的组织成立时，上海的"临时中央"曾拨款一二百元，支部成立后的两三个月间，上海方面每月汇来200元活动经费，并说这些经费是共产国际提供的。①

（2）成员的自我支持。在没有国际援助或经费困难的情况下，各地的组织主要通过自我支持，以捐出薪俸、稿费以及缴纳团费、会费等方式来维持工作。广州共产主义小组提到，《社会主义者》日报，该报每月需要700元，很难维持下去。每月从组员的收入中抽出百分之十来维持期刊和负担工人夜校的费用。② 北京共产主义小组在工作之初，经费是由李大钊每月捐出个人薪俸80元为各项工作之用。③ 上海共产主义小组为缓解经费困难，部分组员曾把稿费充作小组的经费。

（3）向社会募捐。中共创建时期，成员以知识分子为主，职业多为教师、编辑，还有部分是完全没有收入来源的学生。在这种情况下，仅仅依靠成员的自我支持是不够的。因此，充分利用社会力量，向社会募集经费也是活动经费来源之一。

北京共产主义小组的经费除李大钊和一些同志捐献的以外，也向他们认为可以接受的同情者们去筹集一些。如北大的李辛白先生每月捐助20元，俄文教员柏烈伟一次捐助了100元等。从上文梳理的创建时期的经费来源可以看出，通过共产国际援助、成员的自我支持及向社会募集等渠道确实获得了一定的经费。但是从总体上来看，当时的经费还是非常拮据的，许多工作因经费匮乏只能停滞或中断。好在早期的共产主义小组的同志能克服重重困难，经常以一当十，超负荷地投入到工作中去，这在一定程度上弥补了经费的不足。正是靠着这些同志的无私奉献、忘我工作的精神，在建党初期，各项工作才得以逐步开展起来，新生的中国共产党才得以成功地开展一系列革命活动④。

2. 党费的历史

众所周知，党员要向党组织定期交纳党费。那么，党员为什么要交党费？

---

① 李佳蒽.中共建党经费来源探秘.[EB/OL].[2012-11-29].https://news.12371.cn/2012/11/29/ARTI1354120173895563.shtml

② 中国社会科学院现代史研究室，中国革命博物馆党史研究室."一大"前后——中国共产党第一次代表大会前后资料选编（二）[M].北京：人民出版社，1980：428.

③ 李大钊的善心.[EB/OL].[2022-10-13].http://www.rmzxb.com.cn/c/2022-10-13/3218885.shtml

④ 刘小花.中共创建时期的经费来源情况考察[J].上海革命史资料与研究，2011：165-177.

我们党的党费制度是何时建立的？又是如何发展变迁的？党费制度的建立对于我们党的发展有着什么样的意义？

党费制度是由中国共产党的权威机关颁布的关于党费收缴、使用和管理的一系列规章制度的总称，是坚持党要管党、全面从严治党的重要制度安排，是构建以党章为根本的党内法规制度体系的应有之义。

（1）党费制度从何而来？中国共产党的党费制度源自国际共产主义运动的传统，特别是俄共（布）党建经验，同时也是中国共产党成立后政治实践发展的客观要求。从国际上看，19世纪50年代前后根据马克思、恩格斯指示起草的《共产主义者同盟章程》便规定"每个盟员必须每月交纳盟费"。1903年《俄国社会民主工党章程草案》规定"在物质上支持党"。1919年，俄国共产党（布尔什维克）章程第11章"党的经费"规定了党费收缴标准，并严明"没有正当理由连续三个月不缴党费，即认为脱离组织"的纪律要求。① 这些为建立党费制度提供母本。中国共产党坚持运用马克思主义政党建设的历史经验，立足中国实践发展的现实要求，逐渐建立、发展和完善党费制度体系。

（2）党费制度的时代沿革。新民主主义革命时期，中国共产党党费制度处在创设阶段，着力探索党费收缴，党费制度初具雏形。党费制度是从党章开始的。作为首个党章，1922年党的二大通过的党章的第5章"经费"的首条即为"党费"，意指党员交纳的费用，有关规定包括交纳标准、收支权限和纪律要求等。除了党章的规定外，党内不时下发关于党费问题的通知或决定，形成由党章规定党员交纳党费的义务和纪律，由另外配套出台的党内文件规定党费具体事宜的做法。

1941年9月25日，中央就党费问题作出决定，不仅调整完善党费交纳标准，还首次较全面系统地规定党费的用途、处理和检查报告，标志着党费制度初具雏形。②

中华人民共和国成立后，党费制度处在定型阶段，着力建章立制，初步形成由收缴、使用和管理构成的党费制度体系。③

改革开放以来，党费制度处在发展阶段，着力提高科学化、规范化、制度化水平，形成并完善"收、支、管"三位一体的党费制度格局。在加强党的建设"新

---

① 中共中央马克思恩格斯列宁斯大林著作编译局.苏联共产党代表大会、代表会议和中央全会决议汇编：第一分册[M].北京：人民出版社，1964：494，590，598-599.
② 中共中央文献研究室，中央档案馆.建党以来重要文献选编（1921—1949）第十八册：1941.1—1941.12[M].北京：中央文献出版社，2011：621-622.
③ 杨树杰.中国共产党党费制度历史考察[J].军队党的生活，2008（5）：14-15.

的伟大工程"的形势下,党费制度伴随党的制度建设不断深入推进。①

1980年,中央组织部首次明确将党费制度分为收缴、使用、管理三个部分,标志着党费制度结构体系的正式确立。②

针对工资基数界定、党员交纳数额核定等新情况,中央组织部于1992年、1994年先后两次下发文件,根据实际调整党费收缴制度。中央组织部《关于中国共产党党费收缴、使用和管理的规定》,是现行党费制度的主要党内法规文件。围绕科学化、规范化、制度化的要求,党费制度建设的重点在于:一是党费收缴重在调整交纳计算基数和档次、比例,以适应发展社会主义市场经济和社会阶层结构变动带来的党员收入与党员职业的深刻变化;二是党费使用重在形成"中央—地方—基层"不同层级党组织按比例支配的格局,统筹发挥党费的政治、经济和精神价值的功能;三是党费管理重在纳入党务公开范围,建立专人专账制度,提升专业化、公开化水平;四是党费纪律重在党纪、国法的衔接与协调,贯穿收缴、使用和管理各环节。在纪律"底线"约束下,"收、支、管"三位一体的党费制度得到发展完善。③

党的十八大以来,党费制度处在创新性发展阶段,在全面从严治党的新形势下,党费制度建设坚持鲜明的问题导向,聚焦自身存在的一些不匹配、不适应新形势的薄弱环节,重点采取一些创新性措施。

一是扎紧制度笼子。2017年中共中央组织部办公厅下发《关于进一步规范党费工作的通知》,补齐相关党内法规制度短板,着力解决党费收缴、使用和管理各环节存在的痛点、难点、堵点,使党费的收缴基数更加明确、使用范围更加细化、管理要求更加严格。

二是强化制度执行力。利用党的巡视工作制度、"两学一做"学习教育,开展党费专项整治,推动党员交纳党费落实、落细、落到位。2016年,中共中央组织部印发《关于在"两学一做"学习教育中开展党费收缴工作专项检查的通知》,要求以党支部"自查自改"、基层党委督促指导为主要形式,对2008年4月以来党费收缴工作进行专项检查。

三是提升网络信息化水平。探索运用互联网、大数据、云计算、人工智能等

---

① 耿化敏,吕晓莹.中国共产党党费制度百年历史考察[J].中国特色社会主义研究,2021(5):105-112.
② 共产党员网.你知道党员要交党费的来历吗.[EB/OL].[2021-09-26].https://www.12371.cn/2021/09/26/ARTI1632611905050565.shtml
③ 共产党员网.你知道党员要交党费的来历吗.[EB/OL].[2021-09-26].https://www.12371.cn/2021/09/26/ARTI1632611905050565.shtml

新技术手段,用"数字党建"赋能制度建设,为党费制度的创新发展提供新的内容载体、方式方法和功能作用。

党费制度建设坚持思想建党、制度治党和依规治党相结合,在扎紧制度笼子、强化制度执行力、善用"数字党建"等方面取得显著成效,推动基层党组织更加稳固、党员党性观念显著增强,为不断提高党的建设质量提供制度支撑。

(二)基层党费、党建活动经费、党组织工作经费等文件汇总及使用范围

1. 党费、党建活动经费、党组织工作经费的文件汇总及参考

(1)中共中央组织部印发《关于中国共产党党费收缴、使用和管理的规定》(中组发〔2008〕3号)。

(2)中共中央组织部就印发《关于中国共产党党费收缴、使用和管理的规定》答记者问。

(3)中央组织部组织局关于对党费收缴工作中几个具体问题的问答(2016年3月31日)。

(4)中共中央组织部办公厅《关于进一步规范党费工作的通知》(组电明字〔2017〕5号)。

(5)《中央和国家机关基层党组织党建活动经费管理办法》(财行〔2017〕324号)。

(6)《中央和国家机关基层党组织党建活动经费管理办法》解读(2017年9月4日)。

2. 关于党费的使用

(1)执行文件。《关于中国共产党党费收缴、使用和管理的规定》(中组发〔2008〕3号)和《关于进一步规范党费工作的通知》(组电明字〔2017〕5号)。

(2)经费来源。党费是党员向党组织交纳的用于党的事业和党的活动的经费,来源于党员。

(3)使用原则。坚持统筹安排、量入为出、收支平衡、略有结余的原则。要严格履行党费使用审批手续,坚持勤俭节约原则,精细合理使用党费。

(4)适用对象。党费适用于党的各级组织,涵盖范围最广。

(5)使用范围。中组发〔2008〕3号文件规定,党费必须用于党的活动,主要作为党员教育经费的补充,其具体使用范围包括(五项基本用途):培训党员;订阅或购买用于开展党员教育的报刊、资料、音像制品和设备;表彰先进基层党组织、优秀共产党员和优秀党务工作者;补助生活困难的党员;补助遭受严重自

然灾害的党员和修缮因灾受损的基层党员教育设施。

同时,组电明字〔2017〕5号文件规定,在遵循党费使用五项基本用途的前提下,以下具体使用项目可以从党费中列支：教育培训党员和入党积极分子、基层党务工作者所产生的住宿费、伙食费、交通费、师资费、场地费、资料费、门票费、讲解费等；开展"三会一课"、创先争优、党组织换届以及党内集中学习教育所产生的会议费等；党内表彰所需费用；修缮、新建基层党组织活动场所、为活动场所配置必要设施等所产生的相关费用；编印党员教育培训教材和印制入党志愿书、党员组织关系介绍信、党员证明信、流动党员活动证、党费证、党员档案等所产生的工本费,以及购买党徽党旗等费用；党费财务管理中发生的购买支票、转账手续费等相关费用。

3. 关于党建活动经费的使用

（1）执行文件。《中央和国家机关基层党组织党建活动经费管理办法》（财行〔2017〕324号）。

（2）经费来源。财政资金。

（3）使用原则。坚持厉行节约、反对浪费的原则,统筹使用财政资金和党费,结合党建工作要求和机关工作实际,按年度编制计划,实行审批备案管理。

（4）适用对象。中央和国家机关基层党组织。事业单位参照执行。

（5）使用范围。财行〔2017〕324号文件规定,党建活动经费支出项目包括：租车费、城市间交通费、伙食费、住宿费、场地费、讲课费、资料费和其他费用。

① 租车费是指开展党建活动需集体出行发生的租车费用。

② 城市间交通费是指到常驻地以外开展党建活动发生的城市间交通支出。

③ 伙食费是指开展党建活动期间发生的用餐费用。

④ 住宿费是指开展党建活动期间发生的租住房间的费用。

⑤ 场地费是指用于党建活动的会议室、活动场地租金。

⑥ 讲课费是指请师资为党员授课所支付的费用。

⑦ 资料费是指为党员学习教育集中购买的培训资料费。

（6）党建活动经费按支出项目,分别执行下列标准。

① 城市间交通费、住宿费,参照中央和国家机关差旅费有关规定,按标准执行；个人不得领取交通补助。

② 伙食费,参照中央和国家机关差旅费有关规定,在差旅费伙食补助费标准内据实报销；一天仅一次就餐的,人均伙食费不超过40元；个人不得领取伙

食补助。

③ 讲课费，参照中央和国家机关培训费有关标准执行。

④ 租车费，大巴士(25 座以上)每辆每天不超过 1 500 元，中巴士(25 座及以下)每辆每天不超过 1 000 元；租车到常驻地以外的，租车费可以适当增加。

⑤ 场地费，每半天人均不得超过 50 元。

⑥ 资料费和其他有关费用经批准后据实报销。

（三）党费及党建活动经费相关制度

示例 1.9

A 医院党费及党建活动经费管理办法

根据中共中央组织部《关于中国共产党党费收缴、使用和管理的办法》(中组发〔2008〕3 号)、《关于进一步规范党费工作通知》(组电明字〔2017〕5 号)等文件精神，参照《中央和国家机关培训费管理办法》(财行〔2016〕540 号)、《中央和国家机关基层党组织党建活动经费管理办法》(财行〔2017〕324 号)文件，结合上级党委关于党费的使用范围和收缴、管理制度，A 医院对党费和党建活动经费管理工作制定如下办法。

一、党费收缴

党员按时交纳党费是党员应尽的义务，是党员关心党的事业的具体表现。它不仅可以为党的活动提供部分资金，更重要的是能够增强组织观念，提高党员的政治觉悟，每个共产党员都应依照规定按时主动向所在党组织交纳党费。

各党支部每年年初以当年 1 月份工资为基数核定党员月交纳党费数额，年内一般不变动。每名党员月交纳党费数额一般不超过 1 000 元；根据自愿可以多交，自愿一次多交 1 000 元以上的，比照交纳大额党费有关办法办理。生活确有困难的党员由所在党支部同意并经院党委批准，可以少交或免交党费。

二、党费的使用

党费包含医院党委按规定比例留存的党费和上级党委下拨的党费，由医院党委统一管理。

党费必须用于党的活动，主要作为党员教育经费的补充，使用党费必须集体讨论决定。党费使用的基本范围如下：① 培训党员；② 订阅或购买用于开展党员教育的报刊、资料、音像制品和设备；③ 表彰先进基层党组织、优秀共产党员和优秀党务工作者;④补助生活困难的党员;⑤补助遭受严重自然灾害的党员和修缮因灾受损的基层党员教育设施。

在遵循上述五项基本用途的前提下,可以从党费中列支的具体使用项目如下。① 教育培训党员和入党积极分子、基层党务工作者所产生的住宿费、伙食费、交通费、师资费、场地费、资料费、门票费、讲解费等;② 开展"三会一课"、创先争优、党组织换届以及党内集中学习教育所产生的会议费等;③ 党内表彰所需费用;④ 修缮、新建基层党组织活动场所、为活动场所配置必要设施等所产生的相关费用;⑤ 编印党员教育培训教材和印制入党志愿书、党员组织关系介绍信、党员证明信、流动党员活动证、党费证、党员档案等所产生的工本费,以及购买党徽党旗等费用;⑥ 党费财务管理中发生的购买支票、转账手续费等相关费用。

三、党建活动经费的使用

党建活动经费是指医院划拨的专门用于各党支部开展党建活动的经费。党建活动包含各党支部开展的"三会一课",主题党日,党员、入党积极分子和基层党务工作者教育培训、学习调研等活动。

(一)党建活动经费支出范围

党建活动的经费支出包括:租车费、城市间交通费、伙食费、住宿费、场地费、讲课费、资料费或其他费用。

(二)党建活动组织要求

(1)开展党建活动,要突出增强党员的政治意识、大局意识、核心意识、看齐意识,同时注重与中心工作结合,注重质量效果,防止形式主义。

(2)开展主题党日活动,应当有详细的活动方案,明确主题,注重活动的政治性和庄重感。

(3)开展党建活动,要充分发挥党员的主体作用,必须自行组织,不得将活动组织委托给旅行社等其他单位。

(4)开展党建活动要因地制宜,充分利用本地条件;每个党支部到本市以外开展党建活动,原则上每两年不超过一次;要严格控制租用场地举办活动,确需租用的,要选择安全、经济、便捷的场地。

(5)开展党建活动,要根据实际情况集体出行。集体出行确需租用车辆的,应当视人数多少租用大巴车或中巴车,不得租用轿车(5座及以下);到本市以外开展党建活动,一般不得乘坐飞机。

(6)开展党建活动,要严格遵守中央八项规定精神,严格执行廉洁自律各项规定。严禁借党建活动名义安排公款旅游;严禁到党中央、国务院明令禁止的风景名胜区开展党建活动;严禁借党建活动名义组织会餐或安排宴请;严禁组织高消费健身娱乐活动;严禁购置电脑、复印机、打印机等固定资产以及开支与党建活动无关的其他费用;严禁套取资金设立"小金库";严禁发放任何形式的个人补助;严禁转嫁党建活动费用。

四、党费及党建活动经费的管理

（1）党费及党建活动经费由党委统一管理,且其业务管理和财务管理分开,业务管理工作由党委相关部门党建专员代办,财务管理工作由医院财务处党费专员代办。

（2）党费及党建活动经费使用要严格履行审批手续,坚持勤俭节约原则,精细合理使用。

（3）各党支部每年年底须向党员公布党建活动经费的使用情况,党委每年在一定范围内公布党委管理党费收支情况,接受党员监督。

示例 1.10

A 医院党员党费的交纳标准

一、在职职工党员

（一）按国家工资标准体系领取工资的党员纳入交纳基数为每月工资性收入

如:每月工资性收入包括:岗位工资＋薪级工资＋粮油补贴＋卫贴＋岗位津贴。

扣除项为:交通补贴、独贴、节假日加班费、中夜班费、其他一次性奖励、月奖、医务奖励、养老金、医保金、失保金、职业年金等。

科研人员中的党员在促进科技成果转移转化中取得的奖励和报酬,不列入党费计算基数。

交纳比例:每月工资收入在3 000元(含3 000元)以下者,交纳月工资收入的0.5%;3 000元以上至5 000元(含5 000元)者,交纳月工资收入的1%;5 000元以上至10 000元(含10 000元)者,交纳月工资收入的1.5%;在10 000元以上者,交纳月工资收入的2%。

（二）年薪制党员

不兑现年终绩效的月份,每月以当年第一个不兑现年终绩效月份的薪酬收入为党费的计算基数交纳党费,年内一般不动。

交纳党费超过1 000元,以1 000元为交纳限额,自愿多交者不限。人才派遣人员的党费参照执行。

二、离休党员

交纳党费以基本离休费为计算基数,不包括津贴补贴。基数在5 000元以下(含5 000元)的按0.5%交纳党费,5 000元以上的按1%交纳党费。

如果离休费无法区分基本部分和津贴补贴,原则上以离休费60%为基础核算党费。

三、学生党员

包括在校全日制的硕士研究生和博士研究生,每月交纳党费0.2元。

四、博士后党员

由人事关系所属单位计算,如:A医院博士后工作站科研人员工资统一由医学院发放,根据医学院反馈的博士后工作站科研人员党费交纳标准,经医院党委会审议通过,博士后工作站科研人员党费交纳由医院党委统一收缴、管理、使用。

示例 1.11

A医院党建活动经费支出项目的定义及标准

一、党建活动支出项目的定义

(1) 租车费:开展党建活动需集体出行发生的租车费用。

(2) 城市间交通费:到本市以外开展党建活动发生的城市间交通支出。

(3) 伙食费:开展党建活动期间发生的用餐费用。

(4) 住宿费:开展党建活动期间发生的租住房间的费用。

(5) 场地费:用于党建活动的会议室、活动场地租金。

(6) 讲课费:请师资为党员授课所支付的费用。

(7) 资料费:为党员学习教育集中购买的培训资料费用。

二、党建活动经费按支出项目执行下列标准

(1) 交通费、住宿费:参照医院财务差旅费有关规定,按标准执行,个人不得领取交通补助。

(2) 伙食费:参照医院财务差旅费有关规定,在差旅费伙食补助费标准内据实报销;一天仅一次就餐的,人均伙食费不超过40元;一天多次就餐的,每日人均餐费上限为100元;个人不得领取伙食补助。原则上工作日的党支部大会

不建议提供午餐。

（3）讲课费：按医院讲课费授课标准执行。如：副高级专业技术职称人员每学时不得高于250元；正高级专业技术职称人员每学时不得高于500元；讲课费按实际发生学时计算,每半天最多4学时。

（4）租车费：大巴车(25座以上)每辆每天不超过1 500元；中巴车(25座及以下)每辆每天不超过1 000元；租车到本市以外的,租车费可以适当增加。

（5）场地费：每半天人均不得超过50元。

（6）资料费和其他有关费用经批准后据实报销。

三、公立医院党支部委员考核性津贴

《中国共产党支部工作条例(试行)》第三十三条明确：各级党组织应当为党支部开展工作提供必要条件,给予经费保障。增强村、社区党支部运转经费保障能力,落实村、社区党支部书记报酬待遇。因此,为落实公立医院党的建设工作,保障党建工作有序推进,也应当对党支部委员落实相应的报酬待遇(示例1.2)。

示例1.12

A医院基层党支部委员考核性津贴

为深入贯彻落实习近平新时代中国特色社会主义思想和党的各项会议精神,进一步加强基层党组织建设,推动党群工作者认真履行党务工作职责,本着以精神激励为主、物质激励为辅的原则,按照工作任务、工作成绩、工作时间设置工作津贴,根据上级党委文件精神,结合A医院实际制定本方案,详细内容如下。

一、党支部委员津贴发放标准

建议对党支部委员按月设置津贴发放标准,如对党支部书记、党支部副书记、党支部组织委员划定不同的绩效标准,且党支部绩效待遇按就高原则发放,同一人不重复发放。

二、党支部委员津贴发放方式

党支部书记、党支部副书记及党支部委员津贴按月发放,根据前一年党建工作考核结果发放,年度考核结果为A,则津贴全额发放；年度考核结果为B,则按标准的80%发放津贴；年度考核结果为C,则按标准的50%发放津贴。

三、党支部委员考核方式

公立医院所有党支部书记、党支部副书记及党支部委员在每个自然年内(1

月1日至12月31日)党建工作开展及完成情况纳入党支部考核,年度考核结果分为A(优秀)、B(良好)、C(一般)三档,党支部书记考核根据当年党支部党建工作考核评价结果予以分档,80分及以上为A档,60—79分为B档,60分及以下为C档;党支部副书记、党支部委员考核由各党支部书记在充分听取支部党员、群众意见的基础上予以分档。

四、发放原则

(1) 以上方案中的待遇发放均按照实际出勤日期计算。

(2) 以上方案中津贴的发放由预算归口部门分别提出,组织部负责审核。

本方案经A医院党委会讨论通过后实行。

第三节 公立医院党支部运行标准化

调研联系是密切联系人民群众的重要手段之一。根据《中国共产党章程》等有关党内法规制度规定和上级文件要求,公立医院党员院领导应常态化开展调研联系工作。

一、公立医院党员院领导调研联系机制

调研联系不仅是一种工作方法,还是关系党的成败和人民事业的重大问题。百年来,在各个历史时期,中国共产党始终坚持把调研联系作为作出正确决策和做好各项任务的重要前提,这是中国共产党在马克思主义中国化的过程中获得的基本经验。

调研联系是密切联系人民群众的重要手段之一。党的十九届六中全会通过的《中共中央关于党的百年奋斗重大成就和历史经验的决议》(以下简称《决议》)全面总结党的百年奋斗重大成就和历史经验,强调"全党必须永远保持同人民群众的血肉联系"。党的十八大以来,以习近平同志为核心的党中央坚持一切为了人民、一切依靠人民,在密切党同人民群众联系方面采取了一系列富有开创性、战略性的重大举措,把14亿多中国人民凝聚成推动中华民族伟大复兴的磅礴力量。

调研联系必须坚持领导带头。要使调研联系能真正落到实处,关键在于领

导干部的率先垂范。党的各级领导干部必须有意识地提高对群众路线的认识，走到基层和一线，走到最矛盾最尖锐的地方了解实情，为人民排忧解难，并努力使我们的决策和政策与民意一致，做到科学有效，精准施策。发现并解决实际问题是调研联系的主要目的，各级领导干部要采取求真务实的作风，不能搞形式主义，不能走过场，要勇于担当，坚持问题导向和庖丁解牛的工作方法，务求调研联系的实效。

（一）党员领导调研联系工作的历史

毛泽东同志高度重视调研联系工作，撰写并起草了《改造我们的学习》《关于调查研究的决定》《关于农村调查》等，提出"没有调查就没有发言权"，用"十月怀胎"和"一朝分娩"生动阐释了调查与解决问题之间的关系，形成《湖南农民运动考察报告》《论十大关系》等重要调研成果。

邓小平同志走访六国后南方调研，发表南方谈话，作出了改革开放、建立社会主义市场经济体制等重大决策①。

江泽民同志把做好调查研究这篇文章，视为"我们的谋事之基，成事之道"②。

胡锦涛同志强调，"要坚持深入基层，深入群众，深入第一线，围绕改革发展稳定的一些重要问题，开展系统的调查研究，了解真实情况，掌握工作主动权"③。

习近平同志关于调查研究发表专题讲话，强调调查研究是做好领导工作的一项基本功④，要求调查研究要经常化⑤。他用"五个过程"深刻概括了调查研究的重大意义、科学内涵和基本要求，进一步丰富和发展了马克思主义关于调查研究的理论。

---

① 共产党员网.邓小平南巡讲话(全文)[EB/OL].[2016-01-21].https://news.12371.cn/2016/01/21/ARTI1453342674674143.shtml?from=groupmessage&isappinstalled=0&ivk_sa=1024320u.

② 人民网——中国共产党新闻网.调查研究——谋事之基,成事之道[EB/OL].[2012-12-18].http://dangjian.people.com.cn/n/2012/1218/c117092-19935010.html

③④ 共产党员网.党和国家领导人论调查研究[EB/OL].[2013-05-27].https://news.12371.cn/2013/05/27/ARTI1369618504739632.shtml?from=groupmessage&isappinstalled=0

⑤ 共产党员网.将调查研究发扬光大.[EB/OL].[2023-08-09].https://www.12371.cn/2023/08/09/ARTI1691566459161400.shtml

（二）党的调研联系工作特点

调研联系工作是党实事求是思想作风的具体体现,是深入群众走好群众路线的直接表现。其主要特点有如下四个。

一是决策性。习近平总书记指出:"出台政策措施要深入调查研究,摸清底数,广泛听取意见,兼顾各方利益。政策实施后要跟踪反馈,发现问题及时调整完善。"①可见,党的调研工作就是为我们做出科学合理的判断奠定坚实基础。

二是针对性。党的调研联系以问题为导向,围绕中心工作,紧密结合重点、热点、难点问题开展,体现了具体问题具体分析的要求。

三是前瞻性。党的调研工作站在战略层面,在解决当下实际问题的同时,又从理论层面与党的理论体系一以贯之,通过调研丰富了理论的具体实践,帮助我们把握问题趋势走向。

四是效益性。党的调研工作最终都是为了切实解决具体问题,调研时效度、调研成果的可操作度等效益性都十分明显。

公立医院院领导党的调研联系工作制度可参考示例1.13—1.15。

示例 1.13

A 医院院领导联系基层党支部调研制度

为深入学习贯彻习近平新时代中国特色社会主义思想和党的二十大精神,切实改进党员干部作风,扎实做好群众工作,进一步密切联系党群干群关系,根据《中国共产党章程》等有关党内法规制度规定和上级文件要求,现结合医院实际,制定公立医院院领导联系基层党支部调研制度。

一、总体要求

忠实践行全心全意为人民服务的根本宗旨和党的群众路线,尊重和维护群众的合法权益,积极做好群众的思想政治工作,不断拓宽医院领导联系群众的途径,畅通支部、党员、群众表达意愿的渠道,认真听取意见,切实解决员工生活中的实际问题,进一步凝聚人心,形成合力,持续推动医院事业科学健康发展。

---

① 中共中央党史和文献研究院,中央学习贯彻习近平新时代特色社会主义思想主题教育领导小组办公室.习近平关于调查研究论述摘编[M].北京.党建读物出版社.中央文献出版社,2023:43.

二、相关职责

（1）抓好联系点党支部思想政治建设。宣传贯彻党的路线、方针、政策，督促落实医院党总支制定的各项政策措施，围绕医院中心工作，抓好督办落实。指导、推动各党支部认真开展党的主题教育活动。深入开展领导干部调查研究，了解真实情况，掌握第一手资料，及时总结和推广经验，发现典型，以点带面，指导全院工作。参加联系点的民主生活会，指导基层党组织认真开展批评和自我批评，找准存在问题，明确发展方向。

（2）抓好联系点党支部组织建设。深入调研联系点在医改中出现的新情况、新问题，为正确决策提供依据。抓好党支部队伍建设，及时挖掘联系点在队伍建设方面的成功经验及好的做法，查找存在的影响团结和发展的突出问题并认真加以解决。积极发展党内民主，凡各支部干部任用、换届选举、评优评先等重大工作事项，按工作程序征询联系支部党组织负责人的意见。指导联系点在加强组织建设、干部队伍和人才队伍建设方面积极探索、实践。

（3）抓好联系点党支部行风建设。深入联系点开展行风教育，与谈心工作、调研工作和指导中心工作相结合，及时发现联系点党员干部的倾向性和苗头性问题，做好警示教育。

（4）指导和帮助联系点党支部解决实际问题和困难。开展民情走访活动，广泛听取群众的意见和建议，协调解决群众反映强烈的热点、难点问题。对于联系点工作中存在的突出问题，要认真帮助解决。指导和协助联系点处理重大突发事件，维护和谐稳定。

三、具体做法

（1）建立公立医院院领导基层联系党支部调研制度，每位院领导分头联系若干个基层支部，联系点一般不重复交叉，一个联系点的联系时间一般不少于1年，可定期轮换联系。党员院领导每年深入联系点不少于2次，加强工作指导，主要任务是带着问题深入基层，深入一线开展调查研究，解决发展难题，谋划发展思路。非党员院领导每年自选支部或科室，自定调研方向，然后上报相关处室统一汇总管理。

（2）与联系点党员干部开展谈心活动，交流思想、沟通情况、化解矛盾、促进和谐。对了解发现的问题，指导并组织基层党支部开展调查研究，及时妥善加以解决。指导并帮助联系点解决群众急、难、愁、盼的具体困难和其他实际问题。

（3）按照基层党支部"五个好"（领导班子好、党员队伍好、工作机制好、工作业绩好、群众反映好)的标准,注重培养先进典型,总结推广先进经验,指导、帮助联系点开展党支部建设,不断提高基层党支部的凝聚力、战斗力。

(4)要认真遵守党风廉政建设的规定,自觉接受群众监督,为联系点的党员干部树立好榜样。

(5)院领导要将党建联系点工作与日常工作统筹兼顾,按照"不干预、多支持、重服务、常指导"的原则,认真做好联系点工作,努力把联系点建成示范点,以点带面,全面推进。各联系点要经常、主动向联系点对口的院领导汇报工作情况。

(6)党委将结合民主生活会,检查领导班子成员执行本制度的情况。对抓基层党建工作成绩突出的院领导予以表扬,对思想不重视、工作不得力的提出批评,限期整改,确保联系点工作领导到位、责任到位、落实到位。

示例 1.14

A 医院党员干部直接联系群众制度

为深入学习贯彻习近平新时代中国特色社会主义思想和党的二十大精神,切实改进党员干部作风,扎实做好群众工作,进一步密切党群干群关系,根据《中国共产党章程》等有关党内法规制度规定和上级文件要求,结合 A 医院实际,制定如下意见。

一、总体要求

忠实践行全心全意为人民服务的根本宗旨和党的群众路线,尊重和维护群众的合法权益,积极做好群众的思想政治工作,不断拓宽党员领导干部联系群众的途径,畅通群众表达意愿的渠道,认真听取并反映群众意见,切实解决群众工作生活中的实际问题,进一步凝聚人心,形成合力,持续推动医院事业科学健康发展。

二、具体制度

(一)调查研究制度

院领导每年要深入到基层一线调研,除对分管的部门开展常规性调研外,还要针对某项工作深入集中调研,解决问题并形成调研报告。各党员领导干部要严格遵守中央八项规定,明确主题,改进作风,多到困难较多、情况复杂、矛盾尖锐的地方去,深入了解真实情况,更好地总结经验、研究问题,切实解决基层困难,有针对性地开展指导工作。

（1）院领导基层联系点制度。医院党员领导干部建立基层联系点制度，每位领导分头联系若干个基层支部（科室），一个联系点的联系时间不得少于1年，可以长期联系。党员领导干部每年深入联系点不少于2次，加强工作指导，主要任务是带着问题深入基层，深入一线开展调查研究，解决发展难题，谋划发展思路。

（2）定期接待群众来访制度。坚持每周一位院领导接待日制度，定期接待群众来访，可采取定点接访、重点约访、带案下访、上门回访等多种方式，切实做好群众来访接待工作。对疑难问题、复杂问题、重大利益矛盾和突出问题，要重点关注、重点跟踪、重点督查，及时有效将矛盾化解在基层。要建立接访工作台账，明确承办部门和责任人，以便督办落实和答复来访群众。对人数较多的集体上访，在依法规范、依法处置的同时，党政领导班子成员要出面接访、化解矛盾。要及时处理群众来信及群众通过网上信箱、总值班电话等方式反映的诉求，对于暂时不能解决的问题，要耐心细致地做好解释工作和思想工作，做到"件件有着落、事事有回音"。

（3）与干部群众谈心制度。党政领导班子成员在日常工作中，要与干部群众开展谈心活动，及时了解他们的学习、思想、工作、生活情况，既虚心听取意见建议，又要及时帮助解决实际困难，对发现的苗头性、倾向性问题要及时进行教育引导，防止矛盾积累激化。党员领导干部每年要与分管部门负责同志至少进行若干次谈心谈话，可与党员民主生活会、组织生活会谈心结合起来安排，也可采取个别谈话、集体座谈、随机交流等多种形式，营造实事求是、客观公正、坦诚相见的良好氛围，通过广泛深入的谈心谈话，进一步沟通思想、增进理解、促进团结、形成共识。

（4）征集群众意见制度。继续坚持通过职代会、干部大会、公示栏、员工沟通会、医患沟通会等方式广泛征求群众意见，对于重大决策、改革事项要充分征求民主党派和群众代表意见。同时，通过建立健全公示、民意调查等制度，设立意见箱，运用网络手段和微博、微信、论坛等平台，广泛征集群众意见，并以适当方式反馈或公布群众意见采纳处理情况。要坚持工作重心下移，深入基层、深入群众，广泛调查了解情况，及时收集掌握群众意愿和要求，改进各项工作。要定期收集汇总、分析研判群众意见，作为科学决策的重要依据。

（5）党员承诺践诺制度。医院全体党员既要积极参加医院党委组织的承诺践诺活动，又要向居住地社区党组织报到，自觉参加各类公益活动、志愿服务活动和主题实践活动,主动联系服务群众。党员在日常工作中要坚持佩戴党员徽章,亮出党员身份和服务承诺,提高服务质量,展现良好形象。

医院党委要高度重视此项工作,要把直接联系和服务群众情况作为各级党组织、每名党员干部工作绩效考核的重要内容,并采取明察暗访、汇报交流、实地查看等方式,加强对党员干部直接联系服务群众工作的督导检查。同时,要建立健全群众评议机制,让群众对党员干部联系群众、服务群众的状况做出评议,定期进行工作通报,对严重脱离群众、脱离实际、损害群众利益、影响党群干群关系的恶性事件按照有关规定及时予以严肃处理。

示例 1.15

A 医院党员领导干部接谈日制度

为进一步加强党员领导干部与广大党员同志的联系与沟通,广泛听取党员的建议和意见,加强沟通、畅通言路,及时防范化解重大风险,营造民主、团结、和谐的氛围,根据《关于严格和规范党员领导干部双重组织生活制度的实施办法(试行)》有关规定,制定本制度。

一、接谈范围

(1)对支部年度考核结果、干部考核以及其他工作问题进行情况反映。

(2)涉及面广、问题较为复杂或医院有关部门协调处理后解决不了或解决不到位的问题。

(3)党员工作、科研、生活、思想动态及其所在党支部迫切需要解决的重大问题。

二、接谈程序

(1)登记:有接谈需求的党员填写接谈登记表递交所在党支部,由党支部书记确认接谈事由,申报相关部门登记预约。

(2)接谈:相关部门将符合接谈范围的申请上报当月接谈院领导,确定接谈的具体时间、地点以及需要列席的相关部门和人员。

(3)记录:相关部门列席,做好接谈记录。

(4)批示:接谈院领导对接谈问题做出批示和安排,提出解决问题的意见和要求。

(5)转办:相关部门根据接谈院领导批示转办相关部门。

(6) 落实：相关部门根据院领导批示处理接谈问题，必要时可协调多个部门共同解决问题。

(7) 督办：相关部门及时将处理结果向接谈对象和接谈院领导反馈。

(8) 归档：相关部门对已督办反馈的接谈记录做好整理和归档。

三、责任监督

(1) 集体来访提出共同事项，应当协商推选代表（不超过3人）向接谈院领导反映问题。

(2) 按"谁接谈、谁负责"的原则，由接谈院领导负责对有关事项做出批示，相关部门及时将处理意见转至相关部门。

(3) 院领导在接谈日已经批示的事项，各负责部门要高度重视，认真处理，由部门负责人落实，限期办理。

(4) 接谈中遇到的重大问题需提交党委会集体讨论研究。

二、公立医院党支部述职评议考核制度

(一) 党支部组织管理的历史

党支部作为党的基层组织，是党长期执政的力量之源。党支部的坚强有力，离不开对党支部职责的精准定位。

建党初期，党对党支部的职责没有进行明确规定。党的二大仅规定基层党组织是"训练党员及党员活动之基本单位"[①]。

党的四大开创性地将支部确定为"党的基本组织"[②]。1925年，在《对于组织问题之议决案》中规定"支部的工作，不能仅限于教育党员，吸收党员，并且在无党的群众中去煽动和宣传"[③]。

在此基础之上，党的五大通过的党章之第七章第五十三条将党支部职责归纳为六条，即：领导群众日常斗争；在群众中实行党的口号与决议；吸收新的党员；从事组织和宣传工作；积极参加地方政治经济的斗争；讨论党的重要问题。

---

① 李颖，陈郝杰.历次党章的制定与修改.[EB/OL].[2017－11－02].http://dangshi.people.com.cn/n1/2017/1102/c85037-29623729.html

② 共产党员网.四大党章：首次将支部作为党的基本组织的党章[EB/OL].[2016－05－11].https://news.12371.cn/2016/05/11/ARTI1462898415010417.shtml

③ 中共中央党史研究室.中国共产党第四次全国代表大会档案文献选编[M].北京：中共党史出版社，2022：40.

党的六大时期的党章之第四章第十八条规定支部的任务是：在无党的工农群众中进行"有计划的共产主义的鼓动和宣传"；组织和领导工农群众的一切的政治的经济的斗争；征收新党员，在党员及无党工农中"进行文化和政治教育的工作"。

党的七大时期的党章之第六章第五十二条在总结革命经验的基础上，既要求党支部担负起宣传组织群众的任务和职责，还要求党支部要注意关心人民群众，帮助人民群众解决问题，突出了党的群众路线，同时还强调党支部要加强对自身党员队伍的建设。

党的八大时期的党章是中华人民共和国成立以后的第一部党章，在党支部职责方面基本保留了党的七大时期的党章的相关规定，并在第六章第五十条增加了"领导群众积极参加国家的政治生活；同一切违法乱纪、贪污浪费和官僚主义的现象作斗争；注意同阶级敌人的破坏活动进行斗争"的内容，适应了执政党地位的变化给党组织建设提出的新要求。

党的十一大时期的党章作为过渡时期的党章，对党支部职责的规定也呈现出过渡时期的特点，其中第五章第十九条重新恢复了包括团结群众、关心群众、发扬党内民主等基本职责，但仍然保留阶级斗争的任务。

党的十二大通过的党章是对党的七大和党的八大时期的党章的继承和发展，在党支部的一般任务方面，根据第五章第三十二条的有关规定，一是提高了对党员进行教育和管理的要求，强调发挥党员先锋模范作用，保障党员权利，以及宣扬优秀党员模范事迹。二是要求党支部发现党员中的先进分子以及其他为社会主义事业所需要的人才。三是增写了关于教育和监督党员干部和其他任何工作人员不得侵占国家、集体、群众利益的内容。

党的十四大至十八大时期，党章增加了组织党员学习马克思主义中国化最新理论成果的职责，并对党员管理工作提出了更高的要求。进入新时代后，党对支部一般职责有了更加精准凝练的定位。

党的十九大通过的党章之第五章第三十四条明确指出："党支部是党的基础组织，担负直接教育党员、管理党员、监督党员和组织群众、宣传群众、凝聚群众、服务群众的职责。"

党的二十大通过的党章之第五章第三十二条明确指出："党的基层组织是党在社会基层组织中的战斗堡垒，是党的全部工作和战斗力的基础。它的基本任务是……对党员进行教育、管理、监督和服务，提高党员素质，坚定理想信念，增强党性,严格党的组织生活,开展批评和自我批评,维护和执行党的纪律,监督党员切实履行义务,保障党员的权利不受侵犯。加强和改进流动党员管理……"

(二)党支部管理的职责和任务

1. 职责

2018年11月,中共中央印发《中国共产党支部工作条例(试行)》并指出党支部担负直接教育党员、管理党员、监督党员和组织群众、宣传群众、凝聚群众、服务群众的职责。

(1) 教育党员。

紧紧围绕党和国家工作大局谋划推进党员教育培训工作,把增强党性作为第一任务,将理想信念教育和能力建设贯穿始终,坚持党和国家事业发展需要什么就培训什么,进一步增强广大党员贯彻落实中央决策部署的自觉性和责任感。

针对不同群体党员实际情况,提出党员发挥作用的具体要求,教育引导党员在任何岗位、任何地方、任何时候、任何情况下都铭记党员身份,积极为党工作。

(2) 管理党员。

要强化党员管理,严格党内组织生活,严明党的纪律,及时处置不合格党员,改进对流动党员的管理,健全党内激励关怀帮扶机制,构建党员联系和服务群众工作体系,增强党员队伍生机活力。

要严格党员日常教育和管理,使广大党员平常时候看得出来、关键时刻站得出来、危急关头豁得出来,充分发挥先锋模范作用。

(3) 监督党员。

以党支部为单位召开全体党员会议,组织党员开展民主评议。对照党员标准,按照个人自评、党员互评、民主测评、组织评定的程序,对党员进行评议。

(4) 组织群众。

要适应新形势下群众工作新特点新要求,深入做好组织群众、宣传群众、教育群众、服务群众工作,虚心向群众学习,诚心接受群众监督,始终植根人民、造福人民,始终保持党同人民群众的血肉联系,始终与人民心连心、同呼吸、共命运。

群众的眼睛是雪亮的。党员、干部身上的问题,群众看得最清楚、最有发言权。要坚持开门搞活动,一开始就扎下去听取群众意见和建议,每个环节都组织群众有序参与,让群众监督和评议,切忌"自说自话、自弹自唱",不搞闭门修炼、体内循环。

(5) **宣传群众**。

要抓好面向广大群众的宣传教育,深入浅出向广大群众宣传解读好党的各项方针、政策和精神。

将群众意见集中起来形成正确的决策,又到群众中宣传解释,将决策化为群众的行动,并在群众实践中检验这些决策是否正确。

(6) **凝聚群众**。

充分发挥战斗堡垒作用,将人民群众紧紧凝聚在一起,坚定跟党走的决心和信心,把党的好政策落实到每家每户。

要成为团结群众的核心、教育党员的学校、攻坚克难的堡垒。

(7) **服务群众**。

增强联系群众、服务群众、凝聚群众、造福群众功能,激励和帮助群众更有信心、有决心、有恒心地克服困难,实现致富梦想。

要建设一支服务意识强、服务作风好、服务水平高的基层服务型党组织带头人队伍,根据中央重大决策部署和各地区各部门各单位实际,确定培训主题,定期开展基层党组织书记集中轮训,提高服务大局、推动科学发展能力,服务群众、凝聚人心能力,协调关系、维护社会和谐稳定能力。

2. 任务

《中国共产党支部工作条例(试行)》中明确党支部的基本任务为以下几个方面。

(1) 宣传和贯彻落实党的理论和路线方针政策,宣传和执行党中央、上级党组织及本党支部的决议。讨论决定或者参与决定本地区本部门本单位重要事项,充分发挥党员先锋模范作用,团结组织群众,努力完成本地区本部门本单位所担负的任务。

(2) 组织党员认真学习马克思列宁主义、毛泽东思想、邓小平理论、"三个代表"重要思想、科学发展观、习近平新时代中国特色社会主义思想,推进"两学一做"学习教育常态化制度化,学习党的路线方针政策和决议,学习党的基本知识,学习科学、文化、法律和业务知识。做好思想政治工作和意识形态工作。

(3) 对党员进行教育、管理、监督和服务,突出政治教育,提高党员素质,坚定理想信念,增强党性,严格党的组织生活,开展批评和自我批评,维护和执行党的纪律,监督党员切实履行义务,保障党员的权利不受侵犯。加强和改进流动党员管理。关怀帮扶生活困难党员和老党员。做好党费收缴、使用和管理工作。依规稳妥处置不合格党员。

(4) 密切联系群众,向群众宣传党的政策,经常了解群众对党员、党的工作的批评和意见,了解群众诉求,维护群众的正当权利和利益,做好群众的思想政治工作,凝聚广大群众的智慧和力量。领导本地区本部门本单位工会、共青团、妇女组织等群团组织,支持它们依照各自章程独立负责地开展工作。

(5) 对要求入党的积极分子进行教育和培养,做好经常性的发展党员工作,把政治标准放在首位,严格程序、严肃纪律,发展政治品质纯洁的党员。发现、培养和推荐党员、群众中间的优秀人才。

(6) 监督党员干部和其他任何工作人员严格遵守国家法律法规,严格遵守国家的财政经济法规和人事制度,不得侵占国家、集体和群众的利益。

(7) 实事求是对党的建设、党的工作提出意见建议,及时向上级党组织报告重要情况。教育党员、群众自觉抵制不良倾向,坚决同各种违纪违法行为作斗争。

(8) 按照规定,向党员、群众通报党的工作情况,公开党内有关事务。

公立医院党支部管理的相关制度可参考示例 1.16。

示例 1.16

A 医院党支部党的建设工作考核评价方案

为深入贯彻落实习近平新时代中国特色社会主义思想和党的二十大精神,进一步加强和规范党的建设考核工作,不断提高党的建设工作质量,根据中共中央《中国共产党支部工作条例(试行)》及上级党委有关要求,制定 A 医院年度党支部党的建设工作考核评价方案。

一、考核内容

党支部党的建设工作考核指标涉及业务工作和党建工作两部分,满分 100 分,建议分配不同的比例,由相关职能部门进行赋分,如:业务工作根据干部年度考核的实绩分抓取相应考核指标,并由相关部门赋分,占比为考核总成绩的 40%;党建工作由相关党务工作部门(如组织部门、党办、宣传部门等)自设考核细则并进行赋分考核,占比为考核总成绩的 60%。

下辖多个科室的党支部,可取科室平均分作为相关考核指标分值。

二、考核范围

全院在职党支部。

三、考核方式

年度党支部党的建设工作考核由 B 部门牵头,相关职能部门根据指标赋分,统计数据截止至当年 12 月 31 日,采取年终考核方式评定。

四、考核指标

可结合文件政策要求及医院年度党建工作重点任务设定详细的考核指标体系,详见表 1。

五、结果运用

党支部党的建设工作年度考核结果将纳入年党支部书记年度考核评价体系中,并与年度党支部委员津贴挂钩。

表1　A 医院 2023 年党支部党的建设工作考核指标体系

序号	一级指标	二级指标	序号	考核内容	标准和计分办法	分值权重/分	赋分部门
1	思想及文化建设（38分）	专题教育的贯彻落实	1	扎实开展学习教育工作	能按时完成上级党委要求的学习任务;保质保量完成党委组织的相关主题活动,落实党员院领导带队上党课及学习调研工作;主题教育学习有制度、有计划、有记录、有考勤;学习内容有针对性,学习形式丰富。	8	组织处
		防范化解重大风险	2	年内风险事件发生情况	加强国家安全风险研判和预测,确保医疗服务安全有序、运营保障平稳高效	8	党办、医务处、门办
		意识形态建设	3	年内意识形态工作开展情况	健全支部舆情监测和分析研判机制,遇到突发情况,迅速分析研判,第一时间妥善处理,年内不发生造成重大社会影响的舆情事件和意识形态事件	6	宣传与精神文明建设处

第一章 "夯基"——公立医院党支部标准化建设

续　表

序号	一级指标	二级指标	序号	考核内容	标准和计分办法	分值权重/分	赋分部门
1	思想及文化建设（38分）	理论学习教育	4	落实党员学习教育	组织支部党员充分利用"三会一课"、掌上学习平台等学习载体，开展党员教育学习	4	组织处
		文化建设	5	营造积极向上的文化氛围	重视正面宣传，营造支部良好的思想舆论氛围，参与精神文明建设	12	宣传与精神文明建设处
2	组织建设（30分）	支委班子建设	6	选优配强支部书记、支部副书记、支部委员	支部班子设置是否符合要求，支委分工是否合理，支委空缺及时增补	2	组织处
			7	支委班子能发挥带头学习作用	支部班子成员学习意识强，积极参与医院各类学习教育活动及指令性任务	4	党办、组织处
			8	严格执行医院管理要求	支部书记参加支部书记例会，认真落实外出请假制度	4	党办、组织处
		支部队伍建设	9	党内组织生活正常化、经常化	"三会一课"、主题党日等活动记录及党建平台网传情况	8	组织处
		保密工作	10	高度重视保密工作，全面落实保密工作要求	年内保密自查工作开展情况，是否有泄密情况发生	4	党办
		党员发展和管理	11	按照要求做好党费收缴工作	支部党费收缴记录	6	组织处
			12	严把党员发展入口关和质量关，注重双培养，有计划地发展党员	年内支部未有入党申请人或未推荐入党积极分子则不得分。（支部所辖科室成员均为党员则计为满分）	2	组织处

47

续 表

序号	一级指标	二级指标	序号	考核内容	标准和计分办法	分值权重/分	赋分部门
3	党风廉政和行风建设（12分）	廉洁自律	13	支部廉洁建设情况	年内支部所辖科室员工无违纪违规情况	12	纪检（监察）处
4	统一战线与群团工作（16分）	群团工作	15	党建带群建，对工、青、妇工作支持情况	由工会、团委、妇委结合实际工作开展情况赋分	12	工会、团委、妇委
		统战工作	16	做好支部内党外知识分子思想工作	加强思想建设，年内支部召开统战座谈会	4	党办
5	党建创新（4分）	党建研究工作	17	支部内党建课题、QCC项目开展情况	支部内党建课题、QCC项目申报及开展情况，或获得院级以上党建研究项目/表彰	4	组织处

三、公立医院党支部民主评议党员制度

(一) 评议目的

对党员进行新时期合格共产党员的教育，通过民主评议和组织考察，检查和评议每一个党员在坚持党的基本路线的实践中发挥先锋模范作用的情况，表彰优秀党员，清除腐败分子和妥善处置不合格党员，提高党员素质，增强党组织的凝聚力和战斗力。

(二) 评议内容

（1）具有坚定的共产主义信念，领悟"两个确立"，增强"四个意识"，坚定"四个自信"，做到"两个维护"，充分发挥党员的先锋模范作用，脚踏实地做好本职工作。

（2）自觉维护医院改革发展大局，正确处理国家、医院、和个人三者的利益关系，为医院发展、精神文明建设作出贡献。

(3) 认真学习科学、文化和业务知识,努力工作,奋发进取,努力创造一流成绩。

(4) 切实执行党的决议,严守党纪、政纪、国法,严格遵守党纪、政纪和医院各项规章制度,积极开展批评与自我批评,勇于同各种消极不良现象作斗争。

(5) 廉洁奉公,模范遵守职业道德,关心群众疾苦,维护群众的正当权益,自觉接受群众监督,全心全意为人民服务。

(6) 围绕医院需要解决的突出问题,对照检查寻找差距,提出整改措施。

(三) 评议方法和步骤

(1) 听取意见。民主评议前,支部可通过各种形式广泛征求党内外意见,并反馈给每位党员,以便个人总结(可与"三测评"结合)。

(2) 学习教育。坚持以马克思列宁主义、毛泽东思想、邓小平理论、"三个代表"重要思想、科学发展观、习近平新时代中国特色社会主义思想为指导,结合实际和评议内容,开展上党课、看视频等形式的学习教育活动。

(3) 自我总结。联系个人思想和工作实际,实事求是地写好个人总结材料。肯定成绩,找出差距,明确努力方向。

(4) 民主评议。召开党小组或支部大会,由党员个人总结,然后进行互评。实地开展批评和自我批评,务求实效。

(5) 组织考察。支委会对党内外评议的意见进行实事求是的综合分析,形成支部意见,转告本人,并向支部大会报告。

(6) 表彰和处理阶段。对在民主评议中成绩突出的党员,按照优秀共产党员标准,经支部大会讨论通过,报党委批准,授予荣誉称号。对在民主评议中不合格的党员,应根据不同情况,稳妥作出处理。

(四) 评议周期

每年一次。

(五) 评议范围

全体在职党员。预备党员以参加学习教育为主,但不做组织鉴定。
公立医院党支部民主评议党员制度及相关工作可参考示例1.17。

示例 1.17

关于A医院基层党组织召开专题组织生活会和开展民主评议党员工作有关事项的通知

各党支部：

根据上级党委的部署和要求，医院的基层党组织要按照衡量尺子严、查摆问题准、原因分析深、整改措施实的要求，召开一次专题组织生活会，进行民主评议党员工作。为切实做好这项工作，现结合上级党委的相关工作提示，对有关事项通知如下。

一、对象范围

本次开展专题民主生活会和党员民主评议工作的对象，原则上包括所有在职党支部和党员。

二、主要环节

（1）组织开展专题学习。各党支部要组织开展一次专题学习，进一步提高思想认识。要深入学习习近平总书记系列重要讲话精神，深化对全面从严治党的认识；进一步学习党章，深化对党员条件和标准的认识，切实增强开好专题组织生活会、做好民主评议党员工作的思想自觉和行动自觉。

（2）组织开展谈心谈话。各党支部要普遍开展一次谈心谈话，进一步沟通思想、形成共识。党支部书记与支部委员、与党员都要开展谈心，支部委员要相互谈心，党员彼此之间也要谈心。医院党委要对存在突出问题的党支部班子成员进行针对性的谈话提醒。

（3）形成问题清单和整改措施。每个党支部都要梳理形成一份问题清单和整改措施。深入查摆党支部存在的突出问题，支委会要认真讨论、梳理形成的党支部问题清单，明确整改措施。

（4）召开支部党员大会、开展民主评议党员工作。支部党员大会由党支部书记主持。首先由党支部书记通报党支部形成的问题清单和整改措施。之后，按照个人自评、党员互评、民主测评的程序开展民主评议党员工作，每位党员都要发言，积极接受其他党员的批评。党员人数较多的党支部，个人自评和党员互评也可分党小组进行。

（5）评议结果的反馈和处理。党支部要根据民主评议情况，结合平时掌握的党员现实表现进行综合分析,对每名党员提出评定意见,并向本人反馈。

三、测评工作

党员评议采用民主测评的方式,依托医院党建信息综合平台进行无记名投票(详见表2,表3)。按照"优秀""合格""不合格"三种情况,对党支部书记和党员逐项进行投票测评,测评结果由系统自动统计,总体情况由医院党委掌握。

表2　A医院基层党组织书记民主测评表

党组织名称:　　　　　　　　　　　　　　　填表日期:

测评内容	贯彻落实党的路线、方针和政策			团结带领党员、联系服务群众			抓好"三会一课"、党员发展和教育管理等基层基础工作			工作勤奋、廉洁自律			履行党章规定的党员八项义务			总体评价		
姓名	优秀	合格	不合格	优秀	合格	不合格	优秀	合格	不合格	优秀	合格	不合格	优秀	合格	不合格	优秀	合格	不合格

测评采用无记名方式进行,请在相应的测评结果打√。

表3　A医院党员民主测评表

党组织名称:　　　　　　　　　　　　　　　填表日期:

序号	测评内容	按期缴纳党费			正常参加组织生活			接受党组织交办任务			爱岗敬业,发挥党员先锋模范作用			牢记宗旨,主动服务群众			廉洁自律,奉公守法			总体评价		
	姓名	优秀	合格	不合格	优秀	合格	不合格	优秀	合格	不合格	优秀	合格	不合格	优秀	合格	不合格	优秀	合格	不合格	优秀	合格	不合格
1																						
2																						
3																						
4																						
...																						
N																						

备注:1. 测评采用无记名方式进行,请在相应的测评结果中打√;
　　　2. 姓名栏应填写除书记以外的全体参加测评的党员。

对长期外出学习、工作的党员，可在其回到本单位工作后，纳入年度民主评议一并进行。对因病因故请假、未能及时参加民主评议的党员，应当组织补评补议。

四、时间安排

支部专题组织生活会和民主评议党员工作，原则上在规定的时间内完成，各党支部要上报支部问题清单、整改措施和民主评议情况报告（本支部和党员的基本情况、开展上述工作的相关情况以及党员民主评议的总体结果）。

五、职责任务

（一）党支部委员会

（1）组织党员学习党章等文件，切实增强开好专题组织生活会和做好民主评议党员工作的思想自觉和行动自觉。

（2）通过个别谈话、集体座谈等多种方式，深入征求党员群众意见，有组织地开展谈心谈话活动。

（3）认真开展群众路线教育实践活动"回头看"，深入查摆党支部存在的突出问题，召开支委会讨论、梳理形成党支部的问题清单，明确整改措施。

（4）组织召开专题组织生活会，开展批评和自我批评，开展民主评议党员工作。

（5）根据民主评议情况，结合平时掌握的党员现实表现进行综合分析，对每名党员提出评定意见，并向本人反馈。

（6）对专题组织生活会和民主评议党员工作进行梳理汇总，总结分析，形成情况报告。

（二）党支部书记

（1）带头与支委、与党员谈心，听取意见建议，沟通交流思想。

（2）主持起草党支部的问题清单和整改措施。

（3）带头查摆问题，虚心接受批评。

（三）党员领导干部

（1）党员领导干部要以普通党员身份参加所在党支部的专题组织生活会，带头开展批评和自我批评。

（2）民主评议党员时，要分别重点围绕指导党组织开展党建工作、分工负责督促抓好党建工作制度落实、履行抓党建工作第一责任人和主要责任人情况等开展个人自评、党员互评。

(四)医院党委

(1) 制定全院专题组织生活会和开展民主评议党员工作方案,明确工作要求,精心组织推动。

(2) 在党建综合信息平台上发布专题学习资料。

(3) 对全院各支部专题组织生活会时间进行收集汇总,及时通知党员领导干部参加督查。

(4) 加强对医院党支部召开专题组织生活会和开展民主评议党员工作情况的分类指导和督查,除参加支部专题组织生活会外,还要查看支部会议记录等相关文书资料。

(5) 收集和审核各支部问题清单、整改措施和专题组织生活会/民主评议党员工作情况报告,形成医院专项活动工作总结,经医院党委会审议通过后,报上级单位。

第二章

"立柱"——公立医院党支部规范化建设

第一节 公立医院党的组织生活规范化

一、党的组织生活基本内容

(一) 党的组织生活的历史①

从党的历史上看,党的组织生活在党的建设中具有基础性和根本性意义,严格党的组织生活,是党的重要政治优势。

无产阶级政党区别于其他政党的一个重要标志是严格党的组织生活。1847年,国际性的工人组织"正义者同盟"更名为"共产主义者同盟",该同盟规定了民主选举、报告工作、交纳党费等制度。

建党初期,通过党纲和党章把党的组织生活统一规范下来,组织生活紧紧围绕党的政治路线和任务开展。党的二大在《关于共产党的组织章程决议案》中指出,党"组成一个做革命运动的并且一个大的群众党,我们就不能忘了两个重大的律",一是党的一切运动都必须深入到广大的群众里面去,二是党的内部必须有适应于革命的组织与训练②。

革命时期,在党的组织生活中,党的领导干部同普通党员一样,是平等的,不能有任何特殊之处。长期以来,党的领导干部也总是以一个普通党员的姿态参加所在党支部或党小组活动,过党的组织生活。

中华人民共和国成立以来,党的组织生活围绕党的工作中心、根据国家建

---

① 孟源北.用党史讲党课[M].广州:广东人民出版社,2021.
② 中央档案馆.中共中央文件选集:第1册[M].北京:中共中央党校出版社,1989:90.

设和发展面临的形势与任务,其内容和形式不断发生调整和变化,并融入党和国家的政治生活之中。从1950年开始,在基层支部逐步明确了"三会一课"制度,同时明确基层党员负责干部兼任党课辅导员。此后,党的组织生活制度不断丰富和完善。

党的十一届五中全会通过《关于党内政治生活的若干准则》,明确规定每个党员不论职务高低,都必须编入党的一个组织,参加组织生活。各级党委或常委都应定期召开民主生活会,交流思想,开展批评和自我批评。

党的十二大将这一原则的基本内容写入了党章,而且将"党的一个组织"具体化为"党的一个支部、小组或其他特定组织",增加了"接受党内外群众的监督""不允许有任何不参加党的组织生活、不接受党内外群众监督的特殊党员"等重要内容。

党的十四大则进一步完善了这一原则的表述。此后,党章虽经修改,但这一重要原则被保持并巩固下来,确立为党的组织生活的基本政治规范和制度基础。

党的十八届六中全会从全面从严治党战略高度,对新形势下加强和规范党内政治生活作出重大部署,审议通过《关于新形势下党内政治生活的若干准则》,以专章阐明"严格党的组织生活制度"的具体规定,强调"必须坚持党的组织生活各项制度,创新方式方法,增强党的组织生活活力"。

(二)在《关于新形势下党内政治生活的若干准则》中关于严格党的组织生活制度的要求

《关于新形势下党内政治生活的若干准则》,共十二个部分。其中有对严格党的组织生活制度的规定如下。

党的组织生活是党内政治生活的重要内容和载体,是党组织对党员进行教育管理监督的重要形式。必须坚持党的组织生活各项制度,创新方式方法,增强党的组织生活活力。

全体党员、干部特别是高级干部必须增强党的意识,时刻牢记自己第一身份是党员。任何党员都不能游离于党的组织之外,更不能凌驾于党的组织之上。每个党员无论职务高低,都要参加党的组织生活。党组织要严格执行组织生活制度,确保党的组织生活经常、认真、严肃。

坚持"三会一课"制度。党员必须参加党员大会、党小组会和上党课,党支部要定期召开支部委员会会议。"三会一课"要突出政治学习和教育,突出党性锻炼,坚决防止表面化、形式化、娱乐化、庸俗化。领导干部要以普通党员身份参加所在党支部或党小组的组织生活,坚持党员领导干部讲党课制度。每个党员都要按规定自觉交纳党费,党费使用和管理要公开透明。

坚持民主生活会和组织生活会制度。会前要广泛听取意见、深入谈心交心,会上要认真查摆问题、深刻剖析根源、明确整改方向,会后要逐一整改落实。上级党组织领导班子成员定期、随机参加下级党组织领导班子民主生活会和组织生活会,发现问题及时纠正。中央政治局带头开好民主生活会。

坚持谈心谈话制度。党组织领导班子成员之间、班子成员和党员之间、党员和党员之间要开展经常性的谈心谈话,坦诚相见,交流思想,交换意见。领导干部要带头谈,也要接受党员、干部约谈。

坚持对党员进行民主评议。督促党员对照党章规定的党员标准、对照入党誓词、联系个人实际进行党性分析,强化党员意识、增强党的观念、提高党性修养。对党性不强的党员,及时进行批评教育,限期改正;经教育仍无转变的,应劝其退党或除名。

领导干部必须强化组织观念,工作中重大问题和个人有关事项必须按规定按程序向组织请示报告,离开岗位或工作所在地要事先向组织请示报告。对无正当理由不按时报告、不如实报告或隐瞒不报的,要严肃处理。

二、公立医院组织生活开展形式

党的组织生活就其内容来讲必须具有政治性、思想性、原则性和针对性;就其形式来讲,则应力求灵活多样、生动活泼、富有实效。一次成功的组织生活必须是内容与形式的统一。随着时代的发展,组织生活形式应该不断地改变和创新,从传统形式逐步向多样化、现代化发展。党支部必须适应这个变化趋势,在继承发扬优良传统的同时,不断开拓组织生活的新形式。特别要注意各种形式的交叉使用和组合使用,使形式更富有时代气息,更好地为内容服务。

(1) 理论学习式。这是正面教育的方法,常用的方法有学习、传达、党课、讲座、讨论等。

(2) 思想汇报式。这是党组织了解党员思想和工作的一种方法,目的是要党员牢记党员标准,发挥先锋模范作用。它体现了组织生活会的管理和监督职能。

(3) 民主生活式。民主生活是组织生活的一项制度,也是组织生活的一种形式。通过民主生活,党员相互之间开诚布公地开展批评与自我批评。坚持真理,修正错误,达到团结一致的目的。

(4) 节日纪念式。党支部要选择有教育意义的纪念日,运用各种形式,在组织生活会上对党员进行教育,使党员进一步树立理想、坚定信念、牢记宗旨。

(5) 典型示范式。树立先进典型,启发引导党员学先进、找差距;利用反面典型使党员吸取教训、引以为戒。这也是党的组织生活会的一种有效形式。

(6) 民主讨论式。通过对本单位重大问题民主讨论、一事一议、献计献策等形式,发挥和调动党员的积极性和创造性。

(7) 调查研究式。通过典型调查、抽样调查、个别调查、民意测验等形式,使党员对某些问题或理论加深理解,提高认识。

(8) 义务劳动式。通过公益性的社会服务和义务劳动来教育党员和体现党员的先锋模范作用。

(9) 评比竞赛式。通过知识竞赛、活动竞赛、劳动竞赛等形式,调动党员的积极性,形成一种人人向上、不甘落后的局面。

(10) 形象直观式。即通过组织文体活动、电化教育等形式,生动活泼地开展组织生活。

(11) 联谊活动式。支部与其他支部或与党外群众一起开展联谊生活,起到互相交流、互相促进的作用。

(12) 自我教育式。组织党员根据党性原则和党的要求,对自己进行自我评价,肯定优点,找出差距,以求得自我更新,自我发展。①

三、公立医院党支部党内组织生活制度

(一)"三会一课"制度

示例2.1

A 医院"三会一课"制度

一、支部党员大会

支部党员大会是支部的领导机关,凡属党内重要问题都应提交支部大会讨

---

① 12种党组织生活方式[EB/OL].[2018-06-04].https://news.12371.cn/2018/06/04/ARTI1528067847227545.shtml

论决定。支部建制的党员大会每个季度召开一次。如遇有紧迫问题需要讨论，可随时召开。

（1）支部党员大会的主要内容：根据党的路线、方针、政策和上级党委的决议、指示，结合本单位实际情况，讨论和制订需贯彻执行的计划和措施；讨论和批准支部委员会的工作报告；讨论和决定吸收新党员和预备党员的转正；讨论和决定表彰优秀党员；讨论和决定犯有错误党员的处分意见；选举党支部委员会及出席上级党员代表大会的代表，讨论撤换不称职的党支部委员和党员代表，讨论和决定支部委员和党员代表，讨论和决定支部其他重大问题。

（2）支部党员大会的主要任务：传达上级党组织文件、决议和要求；讨论和制定需贯彻落实的措施；通报、部署支部工作情况，听取党员意见建议；选举新的支部委员会，增补或撤销支部委员；接收新党员、预备党员转正；决定职权范围内的对党员的表彰和处分；收缴党费。

（3）支部党员大会的主要程序如下。

做好会前准备：① 确定议题，议题根据工作需要而定，中心要突出。② 提前将党员大会的内容、时间和要求通知全体党员，以便会上充分发表意见。③ 准备好预案，支部党员大会讨论决定的重大问题，一般应由支委会先行讨论研究，并提出供党员大会讨论的决议或决定的意见、方案，便于支部党员大会展开讨论并做出决定。

开会阶段：① 统计到会人数，一般由组织委员统计到会人数，并负责做好会议记录。② 支部书记主持会议，提出议题。③ 展开讨论，党员发表意见。④ 支部书记归纳集中多数人的意见，补充完善预案。⑤ 形成决议。需要对议题形成决议时，书记提请与会党员表决，以少数服从多数的原则形成决议。组织委员统计并宣布表决结果，记入会议记录。⑥ 所有会议议程完毕，宣布会议结束。

二、支部委员会

支部委员会在支部党员大会闭会期间，负责领导和处理支部的日常工作，支部重大问题、重要事项均需经支委会讨论后提交党员大会讨论。支部委员会会议每月至少召开一次，根据需要可随时召开。会议由支部书记主持。

（1）支部委员会会议的主要内容：讨论研究如何贯彻执行党的路线、方针、政策和上级党组织的指示、决议，围绕生产经营发挥政治核心作用和战斗堡垒作用;讨论研究党员教育、管理的措施、发展党员以及对党员的奖惩问题;研究讨论群众工作,包括群众的思想倾向和如何做好群众思想政治工作,以及工会、共青团工作中的重要问题;召开领导班子民主生活会;需要支部委员会讨论的其他问题。

(2)召开支部委员会的程序和应注意的问题:书记与有关委员通气,确定会议议题和开会时间,通知全体委员,以便做好准备;支委会决定重大问题时,到会的委员必须超过委员人数的1/2方为有效;支委会应围绕中心工作和医院党委的要求抓主要问题进行研究讨论,每次集中精力,解决一两个主要问题。进行表决形成决议或做出决定;对落实支委会决定或决议进行责任分工;认真做好会议记录,记录内容包括:会议时间、地点、主持人、出席缺席人员名单、会议议题、发言要点、会议结论、责任分工等。

三、党小组会

党小组不是党的一级组织,是为了便于组织党员学习、过组织生活和开展其他活动,根据党员数量和分布情况划分的。党员数量少的,也可以不划分党小组。党小组会是围绕医院中心工作、更好地落实支部决议而召开的,建议每月召开一次,如果需要,次数可以增加。

(1)党小组会的主要内容:组织党员学习党的路线、方针、政策,以提高党员的政治素质和思想水平,发挥党员在生产经营活动和各项工作中的先锋模范作用;分析党风状况,提出改进意见;研究入党积极分子的培养教育工作、预备党员的教育考察工作,及时讨论发展对象的入党报告和预备党员转正报告,提出意见,供支部参考。每半年召开一次党小组民主生活会,党员向党小组汇报学习、工作、思想等情况,积极开展批评与自我批评;研究围绕群众的思想状况,提出并落实好群众思想工作的措施。

(2)开好党小组会应注意的问题:开党小组会要讲求实效,一次会议内容不宜过多,要有重点地解决一两个问题;会前选定内容,做好准备;议题事先通知小组党员,以便做好准备;引导党员围绕中心议题畅所欲言,适时归纳,统一认识;小组全体党员,会前认真思考,按时参加会议,会上积极参加讨论。

四、党课

党课每年不少于四次,由各支部负责实施。每次党课以集中学习为宜。一般应吸收入党积极分子一起听课。

(1)党课教育的主要内容:围绕各个时期的形势和任务、党的中心工作,结合本单位党员状况和生产经营实际,生动地、有针对性地、形式多样地进行党的路线、方针、政策,党的基本知识,党员的先锋模范作用等教育。党课教育要抓好三个环节:认真编写教材;落实好教员;组织好课后讨论。领导干部要亲自讲课。

(2)上好党课应注意的问题:党课教育是党支部的一项经常性工作,支部应将列入议事日程,经常分析党员思想状况,研究确定党课内容;参加党委组织或党支部采取集中讲授的方法,对党员进行党性、党风、党的基本知识、廉洁自律教育以及其他经常性的党课教育。

(二)民主生活会和组织生活会制度

示例2.2

A医院民主生活会和组织生活会制度

一、民主生活会

民主生活会是党内政治生活的重要内容,是发扬党内民主、加强党内监督、依靠领导班子自身力量解决矛盾和问题的重要方式。坚持和完善民主生活会制度,对于新形势下加强和规范党内政治生活,增强党自我净化、自我完善、自我革新、自我提高能力,实现党的正确领导,维护党的团结和集中统一,引导党员领导干部忠诚拥护"两个确立",坚决做到"两个维护",牢固树立政治意识、大局意识、核心意识、看齐意识,自觉践行"三严三实"要求,始终做到忠诚干净担当,具有重要作用。

民主生活会应当遵循"团结—批评—团结"的方针,贯彻整风精神,充分发扬民主,开展积极健康的思想斗争,增强党内政治生活的政治性、时代性、原则性、战斗性。参加民主生活会的党员领导干部应当严肃认真开展批评和自我批评,坚持实事求是,讲党性不讲私情、讲真理不讲面子,按照"照镜子、正衣冠、洗洗澡、治治病"的要求,严肃认真提意见,满腔热情帮同志,达到统一思想、增进团结、互相监督、共同提高的目的。

民主生活会应当确定主题,一般由上级党组织统一确定,或者由领导班子根据自身建设实际确定,并报上级党组织同意。

民主生活会每年召开1次,一般安排在第四季度。因特殊情况需要提前或者延期召开的,应当报上级党组织同意。

民主生活会到会人数必须达到应到会人数的三分之二以上。

领导班子遇到重要或者普遍性问题,出现重大决策失误或者对突发事件处置失当,经纪律检查、巡视和审计发现重要问题,以及发生违纪违法案件等情况的,应当专门召开民主生活会,及时剖析整改。

召开民主生活会应当制定会议方案,提前10日报上级党组织审核。

二、组织生活会

组织生活会是党的组织生活的重要内容,是党内政治生活的重要载体,主要是交流思想、总结经验教训、开展批评和自我批评等。开好组织生活会,能有效加强党员党性锻炼,增强党的组织活力。

每个党员,不论职务高低,都必须编入党的一个支部、小组或其他特定组织,参加党的组织生活,接受党内外群众的监督。不允许有任何不参加党的组织生活、不接受党内外群众监督的特殊党员。

党支部每年至少召开1次组织生活会,一般安排在第四季度,也可以根据工作需要随时召开。

组织生活会一般以党支部党员大会、党支部委员会会议或者党小组会形式召开。

组织生活会一般可分为年度组织生活会和专题组织生活会。

年度组织生活会一般由上级党组织统一确定主题,对党员当年履行职责、发挥作用等方面进行对照总结等。

专题组织生活会一般主要围绕当前开展的主题教育、学习教育、以案促改等工作召开。

党员领导干部都要参加双重组织生活会,既要参加所在党支部、党小组的组织生活会,又要参加定期召开的党员领导干部的民主生活会。

(三) 谈心谈话制度

示例2.3

A医院谈心谈话制度

党组织领导班子成员之间、班子成员和党员之间、党员和党员之间要开展经常性的谈心谈话,坦诚相见,交流思想,交换意见。领导干部要带头谈,也要接受党员、干部约谈。要用好谈心谈话手段,确保其实际效果,必须注重"三性":一是严肃认真,注重政治性;二是问题导向,注重针对性;三是有的放矢,注重实效性。

发现领导干部有思想、作风、纪律等方面苗头性、倾向性问题的,有关党组织负责人应当及时对其提醒谈话;发现轻微违纪问题的,上级党组织负责人应当对其诫勉谈话,并由本人作出说明或者检讨,经所在党组织主要负责人签字后报上级纪委和组织部门。

(四) 民主评议制度

A 医院民主评议制度

党支部一般每年开展 1 次民主评议党员。党支部召开党员大会,按照个人自评、党员互评、民主测评的程序,组织党员进行评议。党支部委员会会议或者党员大会根据评议情况和党员日常表现情况,提出评定意见。

一、评议目的

对党员进行做新时期合格共产党员的教育,通过民主评议和组织考察,检查和评议每一个党员在坚持党的基本路线的实践中发挥先锋模范作用的情况,表彰优秀党员,清除腐败分子和妥善处置不合格党员,提高党员素质,增强党组织的凝聚力和战斗力。

二、评议内容

(1) 具有坚定的共产主义信念,拥护"两个确立",增强"四个意识",坚定"四个自信",做到"两个维护",充分发挥党员的先锋模范作用,脚踏实地做好本职工作。

(2) 自觉维护医院改革发展大局,正确处理国家、医院、和个人三者的利益关系,为医院发展、精神文明建设作出贡献。

(3) 认真学习科学、文化和业务知识,努力工作,奋发进取,努力创造一流成绩。

(4) 切实执行党的决议,严守党纪、政纪、国法,严格遵守党纪、政纪和医院各项规章制度,积极开展批评与自我批评,勇于同各种消极不良现象作斗争。

(5) 廉洁奉公,模范遵守职业道德,关心群众疾苦,维护群众的正当权益,自觉接受群众监督,全心全意为人民服务。

(6)围绕医院需要解决的突出问题,对照检查寻找差距,提出整改措施。

三、评议方法和步骤

(1)听取意见。民主评议前,支部可通过各种形式广泛征求党内外意见,并反馈给每位党员,以便个人总结。

(2)学习教育。坚持以马克思列宁主义、毛泽东思想、邓小平理论、"三个代表"重要思想、科学发展观、习近平新时代中国特色社会主义思想为指导,结合实际和评议内容,开展上党课、看视频等形式的学习教育活动。

(3)自我总结。联系个人思想和工作实际,实事求是地写好个人总结材料。肯定成绩,找出差距,明确努力方向。

(4)民主评议。召开党小组或支部大会,由党员个人总结,然后进行互评。要开展批评和自我批评,务求实效。

(5)组织考察。支委会对党内外评议的意见,进行实事求是的综合分析,形成支部意见,转告本人,并向支部大会报告。

(6)表彰和处理阶段。对在民主评议中成绩突出的党员,按照优秀共产党员标准,经支部大会讨论通过,报党委批准,授予荣誉称号。对在评议中不合格的党员,应根据不同情况,稳妥作出处理。

四、评议周期

每年一次,民主评议党员可以结合组织生活会一并进行。

五、评议范围

(1)全体在职党员。

(2)预备党员以参加学习教育为主,但不做组织鉴定。

(五)请示报告制度

示例 2.5

A 医院请示报告制度

领导干部必须强化组织观念,工作中重大问题和个人有关事项必须按规定按程序向组织请示报告,离开岗位或工作所在地要事先向组织请示报告。对无正当理由不按时报告、不如实报告或隐瞒不报的,要严肃处理。

以下各医院可根据实际情况确定请示报告的事项清单及流程和相应审批权限。

A医院关于2022年度召开专题组织生活会、开展民主评议党员工作的方案

根据上级党委的有关工作要求，A医院近期需召开一次专题组织生活会，进行民主评议党员工作，现对开展上述工作要求如下。

一、对象范围

本次开展专题民主生活会和党员民主评议工作的对象，原则上包括所有在职党支部和党员。

二、主要环节

（1）组织开展专题学习。各党支部要组织开展一次专题学习，进一步提高思想认识。要深入学习习近平总书记系列重要讲话精神，特别是××讲话/文件精神，深化对全面从严治党的认识；进一步学习党章，深化对党员条件和标准的认识，切实增强开好专题组织生活会、做好民主评议党员工作的思想自觉和行动自觉。

（2）组织开展谈心谈话。各党支部要普遍开展一次谈心谈话，进一步沟通思想、形成共识。党支部书记与支部委员、与党员都要开展谈心，支部委员要相互谈心，党员彼此之间也要谈心。党委将对存在突出问题的党支部班子成员，有针对性地谈话提醒。

（3）形成问题清单和整改措施。每个党支部都要梳理形成一份问题清单和整改措施。要认真开展主题教育"回头看"，深入查摆党支部存在的突出问题，支委会要认真讨论、梳理形成党支部的问题清单，明确整改措施。

（4）召开支部党员大会、开展民主评议党员工作。首先由党支部书记通报党支部形成的问题清单和整改措施；之后，按照个人自评、党员互评、民主测评的程序开展民主评议党员工作。党员人数较多的党支部，个人自评和党员互评也可分党小组进行。

（5）评议结果的反馈和处理。党支部要根据民主评议情况，结合平时掌握的党员现实表现，进行综合分析，对每名党员提出评定意见，并向本人反馈。

三、测评工作

党员评议采用民主测评的方式，按照"优秀""合格""不合格"三种情况，对

党员进行投票测评,测评情况由本单位党委(总支)掌握。

对长期外出学习、工作的党员,可在其回到本单位工作后,纳入年度民主评议一并进行。对因病因故请假、未能及时参加民主评议的党员,应当组织补评补测。

四、加强组织领导和工作指导

各党支部要结合实际认真开展专题组织生活会和民主评议党员工作,明确工作要求,精心组织推动。党员领导干部要以普通党员身份参加所在党支部的专题组织生活会,通报个人整改措施的落实情况,带头开展批评和自我批评,可不参加民主测评。

五、上报材料要求

开展专题组织生活会和民主评议党员工作,一般应于2022年12月底前完成。完成后,各党支部于2023年1月31日前向组织部门报送工作总结,内容包括党支部和党员的基本情况、开展上述工作的相关情况以及党员民主评议的总体结果等。

中共A医院委员会
2022年12月1日

四、公立医院党员干部双重组织生活制度

党员领导干部,无论职位多高,在党内都是普通一员,应该和其他普通党员一样,编入一个支部和小组的活动。党内不允许有任何不参加党组织生活、不接受党组织和党内外群众监督的特殊党员。领导干部以普通党员身份参加组织生活,有利于倾听党员的意见要求,接受党员的批评帮助和监督,了解党员的思想情况,加强自身思想的革命化。党员领导干部有特殊原因不能参加党支部或党小组活动时,也应向党支部和党小组请假。公立医院党员干部双重组织生活制度可参考示例2.6。

示例2.6

A医院党员领导干部双重组织生活制度

为深入学习贯彻习近平新时代中国特色社会主义思想和党的二十大精神,进一步贯彻落实全面从严治党、严肃党内政治生活的要求,严格和规范党员领

导干部双重组织生活制度,根据《中国共产党章程》和《关于新形势下党内政治生活的若干准则》等党内有关规定,制定A医院党员领导干部双重组织生活制度。

(1) 党员领导干部要按期参加党委内部的民主生活会,同时又要以普通党员身份,编入党的一个支部、小组,按期参加所在党支部、党小组的组织生活会,自觉履行党员义务,按时交纳党费,自觉地接受党组织和党员群众的监督。

(2) 党员领导干部应当以普通党员身份每季度至少参加1次所在党支部党员大会,与其他党员一起参加学习、交流思想、讨论表决。同时,积极参加党支部开展的主题党日等组织生活。党员领导干部应当定期为基层党员讲党课。党委书记每年至少为所在党支部和基层党建工作联系点讲1次党课。党课内容要贴近党员思想、工作和生活实际,不搞照本宣科。

(3) 党委委员之间、党委书记与党支部书记之间,每年至少开展2次谈心谈话。通过座谈交流等形式,征求意见建议,及时梳理汇总,主动改进工作。党员领导干部与所在党支部党员之间也要开展经常性谈心谈话,交流思想、坦诚相见,习惯于在相互提醒和督促中修正错误、共同进步,党员领导干部在接谈日中主动接受党员约谈。

(4) 党员领导干部应当按要求每年参加1次年度民主生活会。需临时召开民主生活会的,按有关规定执行。会前按要求认真学习有关文件,广泛征求意见并开展谈心谈话,深入查找梳理问题,深刻开展党性分析,撰写个人发言提纲;会上严肃认真地开展批评与自我批评;会后建立问题整改清单,抓好整改落实。

(5) 党员领导干部每年至少参加1次所在党支部组织生活会,并指导联系点党支部召开组织生活会。参加所在党支部组织生活会时,要以普通党员身份开展积极的思想交流和思想斗争,认真总结经验教训,带头开展批评与自我批评,认真倾听普通党员的意见建议,自觉接受党员群众监督,以实际行动带动组织生活会的正常开展,不能以领导身份提要求、作指示;指导联系点党支部组织生活会时,要进行点评。

(6) 党委民主生活会和党支部、党小组的组织生活会在召开之前都应提前通知党员领导干部,便于其妥善安排工作和活动,按时参加双重组织生活。

(7) 党员领导干部因故不能参加民主生活会或组织生活会的时候,应向党委或党支部、党小组请假。无正当理由不得无故缺席。因公外出时间较长,应在行前告知所在党支部、党小组,回来后要及时汇报。

(8) 党员领导干部在民主生活会和组织生活会中,都要坚持发扬民主,认真开展批评和自我批评,充分体现党内生活的思想性、原则性。特别是在组织生活中,领导干部要发挥表率作用,开展自我批评,自觉接受党员群众的监督,以实际行动带动组织生活会的开展。

(9) 党委和党支部、党小组都要认真记录领导干部参加民主生活会和组织生活会的情况,作为考核党员领导干部的重要依据。

五、公立医院党支部党内组织生活常见问题

公立医院党支部组织生活常见问题、难点问题的相关解决方案可参考示例 2.7。

A 医院党支部组织生活难点问题解决方案

公立医院党支部因下辖员工较多,在开展组织生活过程中会遇到各类难点和问题,针对其中较为典型的难点和问题的建议如下。

一、离退休党员参加组织生活

组织离退休党员过组织生活,要以既便于管理、又便于这些同志参加为原则。

(1) 凡就地安置仍归原单位管理的离退休人员中的党员,原单位的党组织应将他们编入相应的支部,定期过党的组织生活。有条件的,可以单独成立离退休人员党支部。党的关系已转至街道或乡镇党组织的,街道或乡镇党组织应将他们编入相应的支部,并组织他们过党的组织生活。

(2) 居住地离原单位较远的离退休党员,党组织可根据情况,将他们另编小组或支部,由党委指派专人负责联系;也可与居住地的街道党委联系,平时在街道参加活动,定期回原单位参加党的组织生活。

(3) 对于年老多病、行动不便的离退休党员,不要勉强要求他们参加组织生活,党组织可指定党员负责与他们联系,向他们传达党内文件精神,并反映他们的意见和要求。

(4) 退职党员由党组织关系所在地党支部负责组织他们参加党的组织

生活。

（5）组织离退休党员过组织生活，要根据老同志的特点安排活动。活动要照顾他们的身体情况，不宜过多。

二、长期病休的党员参加组织生活

对于因病长期休养的党员，党组织要从政治上、思想上、生活上关心他们，对于他们的组织生活，应视具体情况，采取不同的方式。

（1）对于那些身体状况较差、参加党的组织生活有困难的党员，党组织不要勉强要求他们参加组织生活，可指定专人负责与他们联系，向他们传达党内文件精神和党内重要活动的情况，听取他们的意见和要求。

（2）对于那些身体条件许可、本人坚持要求参加组织生活的同志，安排他们参加组织生活的次数不宜太多，时间不要太长。

（3）对于休养地点距离单位较远、休养时间较长的党员，党组织可开具党员证明信，把他们介绍给所在休养单位或有关地方的党组织，由这些单位的党组织酌情安排他们过组织生活。

三、长期外出的党员参加组织生活

党员长期外出、时间超过半年的（如进修、援建任务等），应将组织关系转到外出所在单位的党组织。时间在半年以内的，可带党员证明信，由所到单位的党组织，把他们编入支部和小组参加党的组织生活，阅读党内文件，听有关报告。如果不能在一个地方固定工作，不能按时参加党组织生活，党支部可根据具体情况，规定他们定期向党组织汇报。一起外出的党员在三人以上的，可成立临时支部或党小组，定期过组织生活。长期外出未转正式组织关系的党员，在他们回来期间，党组织应单独组织他们学习，过组织生活和传达党内有关文件。

四、党员调动到新的单位，在党的组织关系未转去之前参加组织生活

党员调动工作必须在办理调动手续的同时办理转移组织关系的手续，并由自己带到新的单位。在组织关系未转去之前，不能参加新单位的组织生活。

五、受留党察看处分的党员参加组织生活

党员在留党察看期间，没有表决权、选举权和被选举权，其他权利和义务都同原来一样，仍然要过组织生活。

六、支部大会决定开除党籍或取消预备党员资格的，在上级党委批准之前参加组织生活

支部大会通过的决议,必须经过上级党委批准之后,才能生效。一般情况下,支部大会决定开除党籍或取消预备党员资格的,在上级党委批准之前,仍可参加组织生活。如其问题属于敌我矛盾,应当停止其组织生活,等上级党委批示后,再按批示执行。

第二节 公立医院支部委员队伍建设规范化

一、基层队伍的建设历史和职责

(一) 基层队伍建设的历史

在党的组织制度体系中,基层党组织是党在社会基层组织中的战斗堡垒,是党的全部工作和战斗力的基础。百年的发展历程中,基层组织队伍的称谓经历了数次变迁,这种变迁折射出中国共产党的发展壮大过程。

建党初期,党内没有关于基层组织队伍的称谓。党的一大召开前夕,全国只有几十名党员,没有必要建立复杂的组织体系,因此党的一大决定只设立中央和地方两级组织:中央局和地方委员会。党的一大通过的党纲规定"有五名党员的地方可建立地方委员会"。

党的二大通过的党章规定,各农村各工厂各铁路各矿山各兵营各学校等机关及附近,凡有党员三人至五人均得成立一组,每组公推一人为组长。这一时期党的组织队伍系统分四个层次:中央执行委员会、区执行委员会、地方支部和组。

第一次国共合作后,党员队伍不断发展壮大,由一大时期的几十人发展到党的四大时期的近千人。为吸收工人和贫农一般的革命分子入党,扩大党在国家政权和革命中的影响,党的四大时期的党章对党的基层组织作出调整,"我们党的基本组织,应是以产业和机关为单位的支部组织",将"有五人以上可组织一小组"改为"有三人以上即可组织支部"。党的基层组织的称谓也由"组"变为"支部"。支部不仅仅要教育党员、吸收党员,更要做好宣传群众和教育群众的工作。

1945年7月,在党的七大《关于修改党章的报告》中第一次提出把党的基层组织从党的支部扩展到党的总支部和基层党委。党的七大前夕,全国共产党员已发展到121万人,这就决定了必须按照生产单位和群众的集合点来建立党的基础组织。

党的八大通过的党章正式将党的基层组织定为基层党委员会、总支部委员会和支部委员会。新中国成立后,党员和党的组织有很大的发展,1949年底党员数量450余万人,到党的八大召开前夕,全国党员已增加到1 000余万人。党的八大时期的党章把党的基层组织分为三类:第一类是党员超过一百人的基层组织,成立基层党委员会,下面设立若干个总支部或者支部;第二类是党员超过五十人的基层组织,成立总支部委员会,下面设立若干个支部;第三类是党员不足五十人的基层组织,可以成立支部委员会。党的八大之后,党的基层组织的形式被固定下来,一直沿用至今。

党的基层组织及队伍的称谓经历了从"组"到"支部"再到"基层委员会、总支部委员会和支部委员会"的转变。

在中国共产党百年发展历程中,变化的不仅是基层组织队伍的称谓。为适应推动国家治理体系和治理能力现代化、推动全面从严治党向纵深发展的党和国家大局,基层组织的职能也被赋予了新的内涵。党的十九大报告指出基层组织建设"要以提升组织力为重点,突出政治功能",把党的基层党组织建设成为宣传党的主张、贯彻党的决定、领导基层治理、团结动员群众、推动改革发展的坚强战斗堡垒。①

二、公立医院支部委员的分工和职责

公立医院支部委员的分工和职员可参考示例2.8。

示例2.8

A医院支部委员的分工和职责

一、党支部书记主要职责

党支部书记在支部委员会的集体领导下,按照支部党员大会、支部委员会

---

① 基层党组织称谓的历史演变[EB/OL].[2018-09-10].https://www.12371.cn/2018/09/10/ARTI1536563484264788.shtml?from=timeline

决议,负责主持党支部的全面工作。

(1) 负责召集支部委员会和支部党员大会,结合本支部的具体情况,认真传达贯彻执行上级的决议、决定、指示,执行党的路线、方针、政策,研究安排支部工作。

(2) 深入实际了解和掌握党员的思想、作风、学习情况,有针对性地提出加强党支部自身建设的意见和建议,按时召集支部民主生活会和组织生活会,开展批评与自我批评,充分发挥党支部的集体领导作用,按照党章和《中国共产党党内监督条例》规定对违法违纪的党员及时、妥善处理。

(3) 组织检查党支部的工作计划、决议和执行情况,了解执行中的群众反映,按时向支委会、支部党员大会和医院党委报告工作。

(4) 认真做好党员和群众的思想政治工作,了解掌握党员和群众的思想、工作和学习情况,发现问题及时解决,做好经常性的政治思想工作。

二、党支部副书记主要职责

党支部副书记是支部领导核心的主要成员之一,书记在时,副书记是书记的主要参谋和助手,除了要完成一般支部委员所承担的工作外,还要对有关的支部委员的工作进行协调和指导;书记不在时要代替书记抓全面工作,保证支部工作。

(1) 协助负责召集支部党员大会,传达贯彻上级党组织的指示和决议,研究安排支部工作,重大问题提到支部党员大会讨论决定。

(2) 了解掌握党员的思想、工作和学习情况,发现问题及时解决,做好经常性的思想教育工作。

(3) 检查党支部的工作计划、决议的执行情况和出现的问题,按时向医院党委汇报。

(4) 抓好党支部的自身建设。

三、组织委员主要职责

党支部组织委员在支部委员会的集体领导下,负责支部的组织工作。

(1) 提出党支部的组织建设、党员管理规划,提出党小组划分和调整意见,检查和督促党小组过好组织生活会。

(2) 提出组织生活的内容和要求,配合支部书记制订党支部"三会一课"的实施计划,检查组织生活落实情况。

(3) 了解和掌握党员的思想状况,协助纪检委员、宣传委员对党员进行思想教育和纪律教育,具体组织开展争创先进党支部、先进党小组,争做优秀党员的活动。搜集和整理党小组、党员的先进事迹,向支部委员会提出表扬、奖励党小组和党员的建议。负责评议党员、评议党支部的具体工作。

(4) 正确掌握发展党员方针,负责对要求入党的积极分子的培养、教育和考察工作。制订支部发展党员工作计划,提出发展党员意见。具体办理接收新党员的手续。做好对预备党员的教育、考察工作,按时办理预备党员转正手续。

(5) 协助党支部书记做好党支部的干部管理工作,负责干部考核等具体工作的实施。

(6) 负责经常性的组织管理工作,按照规定及时通知党员交纳党费,做好党员统计工作等。

四、纪检委员主要职责

党支部纪检委员在支部委员会的集体领导下,负责支部的纪律检查工作。

(1) 经常对党员进行党风党纪教育,不断提高全体党员遵纪守法的自觉性。

(2) 具体负责组织党员学习上级党组织下发的党风廉政建设学习材料并监督检查落实情况。

(3) 维护党员的民主权利不受侵犯,督促党员履行义务;负责受理和转递党员的控告和申诉,考察了解受处分党员改正错误的情况。

(4) 经常对党员进行纪律监督,认真调查、及时处理党员违反党章和党纪的事件。

(5) 经常向支部委员会和医院党委汇报和反映本单位党风党纪情况。

五、宣传委员主要职责

党支部宣传委员在支部委员会集体领导下,负责支部的宣传工作。

(1) 围绕党的路线、方针、政策和各项工作任务,提出宣传教育工作的意见,积极开展宣传工作。

(2) 组织党员学习习近平新时代中国特色社会主义思想,学习时事政治、党章和党的基本知识。

(3) 组织指导党员和群众学习科学技术、文化知识,会同工会等组织开展文化体育活动,活跃党员和群众的文化体育生活。

(4) 充分利用新媒体、展板等宣传工具,做好支部的宣传阵地工作。

六、青年委员主要职责

党支部青年委员在支部委员会的集体领导下,负责支部的青年工作。

(1) 认真贯彻执行上级机关和党支部关于共青团工作的指示和要求,围绕党的中心工作,指导团支部积极开展活动,充分发挥其党的助手作用。

(2) 指导团支部加强对团员青年的政治思想教育,教育团员和青年做有理想、有道德、有文化、有纪律的社会主义新人。

(3) 教育团员和青年努力学习马克思列宁主义、毛泽东思想、邓小平理论、"三个代表"重要思想、科学发展观、习近平新时代中国特色社会主义思想,学习党的路线方针政策,学习现代科学文化知识,热爱本职工作,精通业务,积极为现代化建设作贡献。

(4) 做好基层"党建带团建"的有关工作,对团组织的"推优"工作及时给予指导,推荐优秀团员作为党的发展对象。

三、公立医院支部委员任职资格要求

党的干部是党的事业的骨干,党支部委员也是党的干部,应当按照德才兼备、以德为先的原则酝酿推选,但其必须首先是一名信念坚定、为民服务、勤政务实、敢于担当、清正廉洁的党员。公立医院支部委员任职资格要求或条件可参考示例2.9。

示例 2.9

A 医院党支部委员任职条件

A 医院推行"德才兼备、任人唯贤"和"双向进入、交叉任职"的原则,支部委员任职基本条件如下:

(1) 认真学习贯彻习近平新时代中国特色社会主义思想,深入贯彻落实党的二十大会议精神,自觉坚持党的基本路线,坚决执行党的各项政策及法律法规,有较高的政策理论水平。

(2) 坚持党的宗旨和群众观点,密切联系群众,善于做群众工作,在党员和群众中有较高的威信。

(3) 热爱和熟悉党务工作,有一定的党务工作经验,有强烈的责任心和使命感,能够尽责完成党组织交给的各项任务,善于根据党的政策要求,创造性地开展工作。

(4) 具有一定的专业水平和管理能力,能够引领党员和科室员工围绕中心工作,紧贴实际做好党建和思想政治工作。

（5）清正廉洁，勤政为民，公道正派，作风过硬，踏实肯干，以身作则，勇于同不良现象作斗争。

（6）医院在职在岗并具有被选举权的正式党员。

（7）党支部书记通常由内部组织机构党员负责人担任，一般应当有1年以上党龄（且至少能任满1年/1届）。

（8）内部组织机构负责人均不是党员，党支部若独立设置，重点在非党员的内部组织机构负责人中发展党员，可通过选举产生非科主任的支部书记，待条件成熟时，支部书记应当鼓励由内部组织机构的党员负责人担任。

（9）支部委员会委员的组成要体现专业上优势互补、分布上合理、有利于工作的要求。

鼓励医院中层干部和支部委员交叉任职，积极推荐优秀的年轻党员（35岁以下）和优秀的党员工青妇骨干作为支部委员推荐人选。

四、党支部委员增补调整流程

《中国共产党基层组织选举工作条例》（2020年7月印发）第十八条明确规定，委员会委员在任期内出缺，一般应当召开党员大会或者党员代表大会补选。中共中央组织部组织一局编著的《党组织选举工作手册（第三次修订本）》第149条在解释增补委员的基本原则时提出："党的基层委员会、纪律检查委员会委员出现缺额，如果不影响工作，一般可不增补；根据工作需要，确需补选的，应当召开党员代表大会或党员大会进行补选。"

党支部委员的职数和设置，应根据党员人数和工作需要来确定。一般情况下，支部委员的人数应是单数，以3—5人为宜。最多不超过7人。可分别设支部书记、组织委员、宣传委员、纪检委员。支委多的还可以设副书记、青年委员、保密委员、统战委员等。党员人数不足7人的党支部，一般不设支部委员会，只设书记1人，必要时可增设副书记1人。支部委员会实行集体领导，有些工作不一定要设专门委员。

以下两种情况应当及时增补党支部委员：一是当党支部委员因工作调动或其他原因缺额，影响党支部工作正常开展时，应及时召开支部党员大会进行增补；二是当党支部党员人数达到需要增补支部委员时，可申请增设支部委员。

进行补选的具体程序如下：

一、召开支部委员会/支部大会，对补选的有关事项进行研究，并向院党委呈报补选的请示。请示的内容包括补选的数额、补选的理由等(示例2.10)。

关于 B 党支部补选支部委员的请示

A 医院党委：

B党支部现有党员30名，支部委员会由5人组成。因工作原因，党支部宣传委员张某同志调离工作岗位，党支部委员会缺额1名。为保证支部工作的有序开展，经支部委员会/支部大会讨论研究，申请增补1名支部委员。

妥否，请批示。

B 党支部
2023 年 9 月 1 日

二、召开支部委员会或党员大会传达上级批复，确定增补委员候选人条件，酝酿提名的方法。

三、可组织全体党员酝酿提名，也可由支部委员会根据工作需要，直接提出增补委员候选人的建议名单供全体党员讨论，然后根据多数党员的意见，确定增补委员候选人的预备人选，然后将预备人选名单、补选的办法和日程安排等相关材料报医院党委审查(示例2.11)。

关于 B 党支部补选支部委员候选人预备人选的请示

A 医院党委：

根据院党委关于我支部委员补选工作的批示，我们认真研究，并组织党员对支部委员补选候选人预备人选进行了推荐和酝酿。在此基础上，我们于2023年9月18日召开全体支部委员会/全体党员大会，经集体研究讨论，并根据多数党员的意见，按照20%差额的要求，确定支部委员候选人预备人选为：陈某、赵某。拟于2023年9月27日召开党员大会，补选党支部委员。具体选举办法附后。

妥否，请批示。

B 党支部
2023 年 9 月 19 日

预备人选简介：

陈某同志，1988年3月出生，男，汉族，中共党员，主治医师，现任泌尿外科一组组长。

赵某同志，1987年5月出生，男，汉族，中共党员，主治医师，现任泌尿外科二组组长。

四、党委批复同意后，召开支部党员大会，报告增补委员候选人酝酿产生的情况，经大会讨论通过确定为正式候选人，然后按照选举办法（示例2.12）进行无记名投票选举；选举结果报上级党组织审批（备案）（示例2.13）。

示例 2.12

A 医院 B 党支部
党员大会补选支部委员的选举办法（草案）
（提请党员大会通过）

根据《中国共产党章程》《中国共产党基层组织选举工作暂行条例》等有关规定精神，制定本办法。

（1）本次大会选举产生A医院B党支部委员会，选举组织工作由支部委员会负责。

（2）A医院B党支部委员会由5人组成，委员实行差额选举，差额1名，候选人名单经公开民主推荐产生，协商确定。

（3）大会选举采用无记名投票方式，在大会上集中进行。候选人名单以姓氏笔画为序排列，未到会党员不得委托他人代为投票。

（4）进行选举时，有选举权的到会人数超过应到会人数的4/5，选举有效，被选举人获得赞成票超过实到会有选举权的人数的一半始得当选。若得票超过半数的候选人多于应选名额时，则以得票多少为序，取足应选名额；若得票数相等且不能确定当选人时，则就票数相等的候选人再进行投票选举，得票多的当选；若得票超过半数的候选人少于应选名额时，不足的名额是否再选，应由大会在集中多数党员意见的基础上讨论决定。

（5）党员对选票上的候选人，可以投赞成票，可以投不赞成票，也可以投弃权票。赞成的在候选人姓名的上方标号格内画"○"，不赞成画"×"，弃权不画任何符号。投不赞成票者可以另选他人，如另选他人则将另选人的姓名填在选票后边的姓名格内,并在其姓名上面的标号格内画上赞成符号"○";投弃权票者,不可另选他人。选票一律用钢笔或水笔填写。

(6) 选举收回的选票等于或少于发出的选票,选举有效;收回的选票多于发出的选票,选举无效,重新进行选举。每张选票所选的人数等于或少于应选人数的有效,多于应选人数的无效。

(7) 大会选举设监票人1名,计票人1名。经大会举手表决通过,计票人在监票人监督下进行工作,候选人不得担任选举工作人员。

(8) 计票结束后,由监票人向大会报告计票结果,由会议主持人宣布选举结果。

(9) 本选举办法,提交党员大会通过后生效。

A医院B党支部委员会
2023年9月27日

关于B党支部支部委员补选的报告

A医院党委:

我支部于2023年9月27日召开全体支部党员大会,补选支部委员会委员。应到会有选举权的党员30名,实到会有选举权的党员30名。根据党章规定,采取无记名投票方式和差额选举办法,选举陈某同志为党支部委员。9月27日,支部委员会召开了全体会议,讨论研究了支部委员分工,决定由陈某同志担任宣传委员。

妥否,请批示。

B党支部
2023年9月28日

第三节　公立医院发展党员工作规范化

党的十九大以来,党对推进新时代中国特色社会主义伟大事业和党的建设新的伟大工程作出了全面部署。提高发展党员质量是全面把握新时代党的建设总要求的重要内容之一,是全面加强基层党建工作的重要组成部分,是党的建设新的伟大工程的一项基础工程。

2015年1月12日,习近平总书记主持召开座谈会,同中央党校第一期县委书记研修班学员进行座谈并发表重要讲话。他强调,做县委书记就要做焦裕禄式的县委书记,始终做到心中有党、心中有民、心中有责、心中有戒。2018年6月,中共中央办公厅印发《关于加强公立医院党的建设工作的意见》,针对在医疗系统又一次特别强调要把政治标准放在首位,抓好发展党员工作,注重发展医疗专家、学科带头人、优秀青年医务人员入党,为进一步做好新时期公立医院党员队伍建设指明了方向。

一、公立医院党组织发展党员工作特色

基于新时期对于公立医院党员发展的工作要求,医院创新了发展党员工作新举措,注重从严把关,保证质量,并通过实践形成相应制度。

公立医院应建立发展党员陈述会制度,并形成可操作的方案,具体可参考示例2.14。

示例2.14

A 医院发展党员陈述会方案

为进一步贯彻落实党中央和市委关于加强公立医院党的建设工作要求,坚定不移执行"坚持标准、保证质量、改善结构、慎重发展"的发展党员工作方针,根据《中国共产党章程》和《中国共产党发展党员工作细则》,医院采取党委自上而下培养和支部自下而上推荐相结合的模式,同时聚焦高知群体、海外留学归国人员、技术骨干等群体重点推荐培养,并适当向在各项工作中表现突出的人员、党员及比例较少的科室倾斜,继续坚持将优秀党员培养成干部,将优秀骨干培养成党员的"双培养"模式,做好本年度党员发展陈述会相关工作。

1. 发展党员整体情况

近五年,医院发展党员共25名,其中高级职称21名,研究生学历23名,火线入党3名,覆盖13个科室19个党支部。

2. 本年度发展党员陈述会计划

经各支部组织委员梳理后上报,截至2022年12月31日,我院有入党申请

人阶段共35人,入党积极分子阶段共24人。截至2023年1月31日,符合条件,经党支部推荐拟参加发展党员陈述会对象共12名(详见下表)。

建议2月15日下午14:00举行党员发展陈述会,由院党委委员、党支部书记担任评委,陈述对象每人进行5分钟的陈述汇报。

拟参加陈述会对象

序号	姓名	所属支部	职务/职称	出生年月	申请入党时间	积极分子时间	积极分子培训班	备注
1								
2								
3								
4								

二、公立医院党组织发展党员工作程序

公立医院党组织发展党员的工作程序共有25步,具体可参考示例2.15。

示例2.15

A医院党组织发展党员工作程序

根据《党章》和《中国共产党发展党员工作细则》的规定,申请入党从递交申请书到成为一名正式党员,至少需要2年时间,要经过5大程序25个步骤。

一、申请入党(2个步骤)

第1步,递交入党申请书。要求入党的人,采取书面形式提出入党申请。入党申请书一般由本人书写,一般要求为手写稿,不提倡用电脑打印稿。

第2步,党组织派人谈话。党支部收到申请书后,应当在一个月内派人与申请入党的人谈话,了解基本情况,进行教育和鼓励。

二、入党积极分子的确定和培养(4个步骤)

第3步,确定入党积极分子。在本单位、本支部所有申请入党的人员中,由党员或群团组织向党支部推荐入党积极分子。党支部根据党员或群团组织的

推荐,设支部委员会的召开支部委员会会议,不设支部委员会的召开支部党员大会对被推荐对象进行审查,审查被推荐对象对党的认识、入党动机以及在政治、思想、工作和学习等方面的表现情况。审查同意后,便确定为入党积极分子。

第4步,上级党委备案。支部将支委会讨论确定的入党积极分子名单及相关情况报上级党委备案,并通知入党积极分子本人,要求其写出自己的主要简历、家庭主要成员及主要社会关系和现实表现等情况。

第5步,指定培养联系人。支部指定两名正式党员作为入党积极分子的培养联系人。入党积极分子的培养联系人,应当由经过一定时间党内生活的锻炼、能够用党员标准严格要求自己、先锋模范作用发挥得比较好的正式党员担任。

第6步,培养教育考察。入党积极分子的培养教育考察期在一年以上,自支部确定其为积极分子之日算起。对入党积极分子的培养教育主要采取安排他们听党课、参加党内有关活动、给他们分配一定的社会工作、定期培训等方法,进行一年以上的培养教育。每半年,党支部要对入党积极分子进行考察,并将考察情况填入《入党积极分子考察表》。

三、发展对象的确定和考察(5个步骤)

第7步,确定发展对象。在一年的培养考察期满之前,适当的时候,先由支部负责同志同拟发展对象人选进行谈话,进一步了解其对党的认识、入党动机等情况,然后听取培养联系人对其是否可列为发展对象的意见建议。根据谈话情况和培养联系人的意见建议,并广泛征求党员群众对拟发展对象人选的意见建议(公示),公示期满无不良反映的,召开支部委员会会议讨论同意的即确定为拟发展对象。

一般来说,拟发展对象必须具备以下条件:① 从主体来说,必须是经过支部委员会会议讨论确定(不设支部委员会的经支部党员大会讨论确定)的入党积极分子。没有被确定为入党积极分子的入党申请人不能直接确定为发展对象。② 从培养教育时间上来说,入党积极分子必须经过党组织一年以上的培养教育。③ 从成熟程度来说,应该是基本具备了党章规定的党员条件、党内外群众反映好、近期可以履行入党手续的入党积极分子。④ 从程序上来说,必须听取党小组、培养联系人和党员群众的意见(公示);必须经过支部委员会会议讨论同意(不设支部委员会的经支部党员大会讨论同意)。

第8步,报上级党委备案。经支部讨论确定的拟发展对象,要报上级党委备案,方可列为发展对象。

第9步,确定入党介绍人。每名发展对象都必须有两名正式党员作为入党介绍人。入党介绍人一般由培养联系人担任,也可由党组织指定。

第10步,进行政治审查。《中国共产党发展党员工作细则》规定"凡没有经过政治审查或政治审查不合格的,不能发展入党"。这是保持党的先进性和纯洁性的具体措施之一,对于防止政治上有问题的人混入党内,是非常必要的。

第11步,开展集中培训。基层党委对发展对象进行短期集中培训。时间一般不少于三天或不少于24个学时。

四、预备党员接收(7个步骤)

第12步,支部委员会审查。支部委员会对发展对象之前形成的政审材料、征求党内外群众意见的原始记录、考察材料等所有材料进行严格审查,经集体讨论认为发展对象合格和手续完备后,连同所有材料报上级党委预审。

第13步,上级党委预审。基层党委对发展对象的条件、培养教育情况等进行审查,根据需要听取执纪执法等相关部门的意见。审查结果以书面形式通知党支部,并向审查合格的发展对象发放《中国共产党入党志愿书》。

第14步,填写《中国共产党入党志愿书》。发展对象填写《入党志愿书》必须经上级党组织同意,在入党介绍人的指导下,用钢笔或水笔填写,并要求其填写时要实事求是,不得有任何隐瞒和伪造。字迹要清楚,不得涂改。对《中国共产党入党志愿书》上有的项目没有内容可填时,应注明"无",不能为空。

第15步,支部大会讨论表决接收预备党员。经党委预审合格的发展对象,《中国共产党入党志愿书》填写好后,由支部委员会提交支部大会讨论,并进行表决。

会后,支部书记及时将支部大会决议(主要包括发展对象的主要表现、应到会和实际到会有表决权的党员人数、表决结果、通过决议的日期、支部书记签名等)写入《中国共产党入党志愿书》,连同本人入党申请书、政审材料、培养教育考察材料等,一并报上级党委审批。

第16步,上级党委派人谈话。支部大会讨论通过发展对象为预备党员之后,上级党组织审批之前,指派党委委员或组织委员同发展对象谈话,作进一步的了解,并帮助发展对象提高对党的认识。谈话人将谈话情况和自己对发展对象能否入党的意见,如实填写在《中国共产党入党志愿书》上,并向党委汇报。上级党组织派人谈话,这是发展党员工作中的一项重要程序。这样做,一方面使党委能直接了解发展对象的情况,保证审批意见准确,防止不具备党员条件的人进入到党内来。另一方面,通过谈话可以有针对性地帮助发展对象进一步提高对党的认识,端正入党动机,并了解党支部对发展对象的培养教育情况,作为对党支部工作的检查和监督。

第17步,上级党委审批。党委根据谈话人的谈话情况汇报,召开党委会,进行集体讨论和表决。党委审批意见写入《中国共产党入党志愿书》,注明预备期的起止时间,并通知报批的党支部。党支部及时通知本人并在党员大会上宣布。

第18步,报医院组织干部处备案。入党审批通知下发支部的同时,医院组织干部处做好备案。

五、预备党员的教育考察和转正(7个步骤)

第19步,编入党小组。党支部接到上级党委入党审批通知后,及时将上级党委批准的预备党员编入党支部和党小组,告诉其交纳党费的时间、规定等,并对其继续进行教育和考察。

第20步,组织入党宣誓。《中国共产党发展党员工作细则》规定,预备党员必须面对党旗进行宣誓。入党宣誓仪式尽可能在上级党委批准预备党员后及时举行,一般由基层党委或总支、支部组织进行。为了使宣誓仪式更有纪念意义,也可在"七一"等重要时间节点集中举行入党宣誓仪式。

第21步,继续教育考察。预备党员预备期为一年,从支部大会通过其为预备党员之日算起。预备期内,党组织通过党的组织生活、听取本人汇报、个别谈心、集中培训、实践锻炼等方式,对预备党员进行教育和考察。预备党员要自觉接受党组织的教育和考察,经常向党组织汇报思想和工作情况,每半年要向支部书面汇报思想和工作情况。

第22步,提出转正申请。预备党员本人在预备期满前适当时候,向支部提出书面转正申请。党支部组织对预备党员预备期思想、学习、工作情况进行全面考察,形成考察报告。对考察合格的,党支部提出能否按期转正的意见,征求党员和群众的意见(公示),公示期满无意见经支委会审查同意后准备召开支部大会。

第23步,支部大会讨论表决。支部大会讨论预备党员转正的主要程序为:一是由申请转正的预备党员汇报自己在预备期间的表现,找出缺点和不足,表明自己的态度和决心;二是由入党介绍人向支部大会介绍预备党员在预备期间的教育和考察情况,并说明是否同意按期转正的意见;三是由支部介绍培养教育考察及审查的情况;四是进行支部大会讨论,与会同志充分发表意见,并采取无记名投票的方式进行表决。

会后，由支部书记在《中国共产党入党志愿书》中认真填写支部大会决议，签名盖章，写明日期，并将《中国共产党入党志愿书》、转正申请一并报上级党委审批。

第24步，上级党委审批。对党支部上报的预备党员转正的决议，党委应当在三个月内审批，并将审批结果及时通知党支部，支部书记应当同预备党员本人谈话，并将审批结果在党员大会上宣布。

第25步，材料归档。预备党员转正后，党支部应当及时将其《中国共产党入党志愿书》、入党申请书、政审材料、转正申请书和培养教育考察材料等存入本人人事档案。

公立医院党组织发展党员的过程中应及时向上级报告，履行相关手续，具体可参考示例2.16—2.32。

关于确定张某同志为入党积极分子的备案报告

中共Ａ医院委员会：

按照发展党员工作有关规定，根据党员推荐（或群团组织推优）情况，经支部委员会研究，确定张某同志为入党积极分子。现将有关情况报告如下：

张某，男，汉族，研究生学历，硕士学位，江苏省南通市人，1990年1月4日出生，2016年7月参加工作，现任科研处科研干事。该同志于2018年8月5日提交入党申请，根据党员推荐（或群团组织推优），经支部委员会2020年6月1日研究，确定其为入党积极分子，培养联系人为李某、王某。

现申请备案，请审查。

中共Ａ医院Ｂ支部委员会
2020年6月1日

关于同意张某同志为入党积极分子的意见

Ｂ党支部：

《关于确定张某同志为入党积极分子的备案报告》收悉，经讨论，同意你支部的意见。

请按照发展党员工作有关规定,做好对张某同志的培养教育和考察工作。

中共 A 医院委员会
2021 年 6 月 5 日

关于确定张某同志为发展对象的备案报告

中共 A 医院委员会:

按照发展党员工作有关规定,根据支部委员会研究,同意张某同志为发展对象人选。现将有关情况报告如下。

张某,男,汉族,研究生学历,硕士学位,江苏省南通市人,1990 年 1 月 4 日出生,2016 年 7 月参加工作,现任科研处处长助理。该同志于 2018 年 8 月 5 日提出入党申请,2020 年 6 月 1 日被确定为入党积极分子。

经过党支部的培养教育和考察,在听取党小组、培养联系人、党员和群众意见的基础上,经 2022 年 7 月 5 日支部委员会研究,认为张某同志基本具备党员条件,同意确定其为发展对象人选。

现申请备案,请审查。

中共 A 医院 B 支部委员会
2022 年 7 月 5 日

关于同意张某同志为发展对象的批复

B 党支部:

《关于确定张某同志为发展对象的备案报告》收悉,经研究,同意张某同志为发展对象。

请按照发展党员工作有关规定,继续做好对张某同志的培养教育和考察工作,认真组织政治审查、短期集中培训工作,并及时将有关情况报党委预审。

中共 A 医院委员会
2022 年 7 月 20 日

 示例2.20

关于确定张某同志为发展对象的公示

根据发展党员工作程序要求,现将B党支部近期发展对象予以公示。具体情况如下。

张某,男,汉族,研究生学历,硕士学位,江苏省南通市人,1990年1月4日出生,现任科研处处长助理。该同志于2018年8月5日提出入党申请。经党支部培养教育和考察,于2020年6月1日被确定为入党积极分子,2022年7月20日被列为发展对象。

(如有多位发展对象同批公示,则一位一位写清楚。)

公示时间为2022年7月22日至7月28日(5个工作日)。公示期间,党员和群众可来电、来信、来访,反映其在理想信念、政治立场、思想作风、工作表现、群众观念、廉洁自律等方面的情况和问题。反映问题应实事求是、客观公正。以个人名义反映问题的,要签署本人真实姓名。党委将对反映人和反映问题严格保密,对反映的问题将作认真调查核实。

联系电话:12345678

联系邮箱:12345678@mail.com

联系地址:B党支部工作办公室

联系人:陈某

中共A医院B支部委员会

2022年7月21日

 示例2.21

关于对张某同志进行预审的请示

中共A医院委员会:

根据发展党员工作有关规定,我党支部于2023年8月22日对张某同志的发展材料进行了讨论审查。会议认为,材料齐全、符合要求,并拟于近期召开支部大会讨论接收张某同志为中共预备党员。

张某,男,汉族,研究生学历,硕士学位,江苏省南通市人,1990年1月4日出生,现任科研处处长助理。该同志于2018年8月5日提出入党申请。经党支部培养教育和考察,于2020年6月1日被确定为入党积极分子,2022年7月20日被列为发展对象。2022年7月22日至7月28日进行发展对象公示,无违纪违规情况反馈。

经政治审查,张某同志现实表现良好,无政治历史问题。其直系亲属及主要社会关系拥护党的领导,自觉遵守党纪国法。

现将张某同志有关情况和入党材料报你们,请审查。

中共 A 医院 B 支部委员会
2022 年 8 月 23 日

对张某同志的预审意见

B党支部:

关于张某同志的发展预审材料已收悉。经审查,该同志入党手续完备,预审通过,同意进入发展程序。同时,发放《中国共产党入党志愿书》(编号为:2022-001),请指导其认真填写。

A 医院党委组织干部处
2022 年 8 月 25 日

关于讨论接收张某同志为预备党员的表决票

党支部名称:B党支部

2022 年 8 月 31 日

发展对象姓名	张某		
表决意见	同意	不同意	弃权

说明：

（1）票决实行无记名投票。

（2）有表决权的正式党员在表决意见栏的三个选项中选择一项打上"○"；选择多项为无效票；不作选择的视作弃权票。

（3）此表决票填写统计后由党支部归档保存。

关于讨论接收张某同志为预备党员的表决票情况说明

党支部名称：B党支部

发展对象姓名	同意接收	不同意接收	弃权
张某	票	票	票

说明：

（1）本支部共有党员____名，其中有表决权的党员____名。出席本次会议的党员____名，其中有表决权的党员____名，其中因病因事请假____名。

（2）经无记名投票表决，结果如下：同意接收张某同志为预备党员的____票，不同意的____票，弃权的____票。（其中请假的有表决权的党员____名，事先提交的书面表决意见已统计在内。）按照党章规定，表决有效，同意（不同意）接收张某同志为预备党员。

（3）汇总表作为入党材料之一报上级党组织。

　　　　　　　　　　　监票人（签名）：　　　　计票人（签名）：

2022年8月31日

关于审批张某同志为中共预备党员的请示

中共A医院委员会：

根据发展党员工作有关规定，经2022年8月31日B党支部党员大会讨论,审议通过张某同志为中共预备党员。

张某,男,汉族,研究生学历,硕士学位,江苏省南通市人,1990年1月4日出生,2016年7月参加工作,现任科研处处长助理。该同志于2018年8月5日提出入党申请,2020年6月1日被确定为入党积极分子,2022年7月20日被列为发展对象。2022年8月31日B党支部召开党员大会,对接收张某同志为预备党员进行了讨论表决。大会有表决权的党员30名,实到会党员30名。经支部大会讨论并采取无记名投票方式进行表决。表决结果:30票同意,0票不同意,0票弃权。大会认为,张某同志已基本具备党员条件,同意接收其为中共预备党员。

当否,请批示。

中共A医院B支部委员会
2022年8月31日

关于接收张某同志为中共预备党员的批复

B党支部:

《关于审批张某同志为中共预备党员的请示》已收悉。经医院党委会2022年9月7日讨论,批准张某同志为中共预备党员。预备期一年,自2022年8月31日起至2023年8月30日。党费自2022年8月31日开始交纳。

特此批复。

中共A医院委员会(盖章)
2022年8月2日

关于将张某同志进行预备党员备案的报告

×××党委组织部:

按照发展党员工作有关规定,经我院党委于2022年9月7日召开会议讨论审批新党员,批准张某同志为预备党员。

张某,男,汉族,研究生学历,硕士学位,江苏省南通市人,1990年1月4日出生,2016年7月参加工作,现任科研处处长助理。该同志于2018年8月5日提出入党申请,2020年6月1日被确定为入党积极分子,2022年7月20日被列为发展对象。2022年8月31日B党支部召开党员大会同意接收其为中共预备党员。

特此报备,请予以审核。

中共A医院委员会
2022年9月9日

示例2.28

关于预备党员张某同志拟转正的公示

为保证发展党员工作质量,经研究决定,对以下拟于近期转正的预备党员有关情况进行公示。

张某,男,1990年1月4日出生,汉族,2016年7月参加工作,现任科研处处长助理。张三同志2022年8月31日被接收为中共预备党员,预备期一年,到2023年8月30日预备期满。该同志在预备期间表现良好。经党支部培养教育和考察,拟将张某同志转为中共正式党员,并于近期召开支部大会讨论其转正问题。

(如有多位党员同批公示,则一位一位写清楚。)

公示时间为2023年9月5日至2023年9月11日(5个工作日)。如对公示对象有情况反映的,可在公示期间向党委反映。

我们将严格遵守党的纪律,履行保密义务。为便于对反映的问题进行调查核实,请在反映问题时,提供具体事实或线索,并请提供联系方式,以便我们将核实情况作反馈。

联系电话:12345678

联系邮箱:12345678@mail.com

联系地址:B党支部工作办公室

联系人:陈某

中共A医院B支部委员会
2023年9月4日

 示例 2.29

关于预备党员张某同志转正的表决票

党支部名称：B 党支部

2023 年 9 月 18 日

预备党员姓名	张某		
表决意见	同意	不同意	弃权

说明：

（1）票决实行无记名投票。

（2）有表决权的正式党员在表决意见栏的三个选项中选择一项打上"○"；选择多项为无效票；不作选择的视作弃权票。

（3）此表决票填写统计后由党支部归档保存。

 示例 2.30

关于预备党员张某同志转正的表决票情况说明

党支部名称：B 党支部

预备党员姓名	同意转正	不同意转正	弃权
张某	票	票	票

说明：

（1）本支部共有党员____名，其中有表决权的党员____名。出席本次会议的党员____名，其中有表决权的党员____名，其中因病因事请假____名。

（2）经无记名投票表决，结果如下：同意张某同志按期转正为正式党员的____票，不同意的____票，弃权的____票。（其中请假的有表决权的党员____

名,事先提交的书面表决意见已统计在内。)按照党章规定,表决有效,同意(不同意)预备党员张某同志转正为正式党员。

(3) 本汇总表作为入党材料之一报上级党组织。

监票人(签名):　　　　　计票人(签名):

2023 年 9 月 18 日

关于审批张某同志为中共正式党员的请示

中共 A 医院委员会:

根据发展党员有关工作规定,B 支部于 2023 年 9 月 18 日召开党员大会,经支部党员大会讨论表决,同意预备党员张某同志按期转为正式党员。

张某,男,汉族,研究生学历,硕士学位,江苏省南通市人,1990 年 1 月 4 日出生,2016 年 7 月参加工作,现任科研处处长助理。该同志于 2018 年 8 月 5 日提出入党申请,2020 年 6 月 1 日被确定为入党积极分子,2022 年 7 月 20 日被列为发展对象。2022 年 8 月 31 日被接收为中共预备党员。预备期一年,截至 2023 年 8 月 30 日预备期满。

2023 年 9 月 18 日,B 党支部召开党员大会,对张某同志转为正式党员的问题进行了讨论表决。大会有表决权的党员 30 名,实到会党员 30 名。经支部大会讨论并采取无记名投票方式进行表决。表决结果:30 票同意,0 票不同意,0 票弃权。大会认为,张某同志已具备正式党员条件,同意其按期转正。

当否,请批示。

中共 A 医院 B 支部委员会

2023 年 9 月 18 日

关于张某同志转为中共正式党员的批复

B 党支部:

经医院党委会 2023 年 9 月 20 日讨论,批准张某同志转为正式党员。党龄从 2023 年 8 月 31 日起计算。

特此批复。

中共 A 医院委员会（盖章）

2023 年 9 月 22 日

三、公立医院发展党员工作的实施细则

公立医院发展党员工作严格按照《中国共产党发展党员工作细则》执行。

中国共产党发展党员工作细则

第一章　总则

第一条　为了规范发展党员工作，保证新发展的党员质量，保持党的先进性和纯洁性，根据《中国共产党章程》和党内有关规定，制定本细则。

第二条　党的基层组织应当把吸收具有马克思主义信仰、共产主义觉悟和中国特色社会主义信念，自觉践行社会主义核心价值观的先进分子入党，作为一项经常性重要工作。

第三条　发展党员工作应当贯彻党的基本理论、基本路线、基本纲领、基本经验、基本要求，按照控制总量、优化结构、提高质量、发挥作用的总要求，坚持党章规定的党员标准，始终把政治标准放在首位；坚持慎重发展、均衡发展，有领导、有计划地进行；坚持入党自愿原则和个别吸收原则，成熟一个，发展一个。

禁止突击发展，反对"关门主义"。

第二章　入党积极分子的确定和培养教育

第四条　党组织应当通过宣传党的政治主张和深入细致的思想政治工作，提高党外群众对党的认识，不断扩大入党积极分子队伍。

第五条　年满十八岁的中国工人、农民、军人、知识分子和其他社会阶层的先进分子，承认党的纲领和章程，愿意参加党的一个组织并在其中积极工作、执行党的决议和按期交纳党费的，可以申请加入中国共产党。

第六条　入党申请人应当向工作、学习所在单位党组织提出入党申请，没有工作、学习单位或工作、学习单位未建立党组织的，应当向居住地党组织提出入党申请。

流动人员还可以向单位所在地党组织或单位主管部门党组织提出入党申

请,也可以向流动党员党组织提出入党申请。

第七条 党组织收到入党申请书后,应当在一个月内派人同入党申请人谈话,了解基本情况。

第八条 在入党申请人中确定入党积极分子,应当采取党员推荐、群团组织推优等方式产生人选,由支部委员会(不设支部委员会的由支部大会,下同)研究决定,并报上级党委备案。

第九条 党组织应当指定一至两名正式党员作入党积极分子的培养联系人。培养联系人的主要任务是:

(1) 向入党积极分子介绍党的基本知识;

(2) 了解入党积极分子的政治觉悟、道德品质、现实表现和家庭情况等,做好培养教育工作,引导入党积极分子端正入党动机;

(3) 及时向党支部汇报入党积极分子情况;

(4) 向党支部提出能否将入党积极分子列为发展对象的意见。

第十条 党组织应当采取吸收入党积极分子听党课、参加党内有关活动,给他们分配一定的社会工作以及集中培训等方法,对入党积极分子进行马克思列宁主义、毛泽东思想和中国特色社会主义理论体系教育,党的路线、方针、政策和党的基本知识教育,党的历史和优良传统、作风教育以及社会主义核心价值观教育,使他们懂得党的性质、纲领、宗旨、组织原则和纪律,懂得党员的义务和权利,帮助他们端正入党动机,确立为共产主义事业奋斗终身的信念。

第十一条 党支部每半年对入党积极分子进行一次考察。基层党委每年对入党积极分子队伍状况作一次分析。针对存在的问题,采取改进措施。

第十二条 入党积极分子工作、学习所在单位(居住地)发生变动,应当及时报告原单位(居住地)党组织。原单位(居住地)党组织应当及时将培养教育等有关材料转交现单位(居住地)党组织。现单位(居住地)党组织应当对有关材料进行认真审查,并接续做好培养教育工作。培养教育时间可连续计算。

第三章 发展对象的确定和考察

第十三条 对经过一年以上培养教育和考察、基本具备党员条件的入党积极分子,在听取党小组、培养联系人、党员和群众意见的基础上,支部委员会讨论同意并报上级党委备案后,可列为发展对象。

第十四条　发展对象应当有两名正式党员作入党介绍人。入党介绍人一般由培养联系人担任,也可由党组织指定。

受留党察看处分、尚未恢复党员权利的党员,不能作入党介绍人。

第十五条　入党介绍人的主要任务是：

(1) 向发展对象解释党的纲领、章程,说明党员的条件、义务和权利；

(2) 认真了解发展对象的入党动机、政治觉悟、道德品质、工作经历、现实表现等情况,如实向党组织汇报；

(3) 指导发展对象填写《中国共产党入党志愿书》,并认真填写自己的意见；

(4) 向支部大会负责地介绍发展对象的情况；

(5) 发展对象批准为预备党员后,继续对其进行教育帮助。

第十六条　党组织必须对发展对象进行政治审查。

政治审查的主要内容是：对党的理论和路线、方针、政策的态度；政治历史和在重大政治斗争中的表现；遵纪守法和遵守社会公德情况；直系亲属和与本人关系密切的主要社会关系的政治情况。

政治审查的基本方法是：同本人谈话、查阅有关档案材料、找有关单位和人员了解情况以及必要的函调或外调。在听取本人介绍和查阅有关材料后,情况清楚的可不函调或外调。对流动人员中的发展对象进行政治审查时,还应当征求其户籍所在地和居住地基层党组织的意见。

政治审查必须严肃认真、实事求是,注重本人的一贯表现。审查情况应当形成结论性材料。

凡是未经政治审查或政治审查不合格的,不能发展入党。

第十七条　基层党委或县级党委组织部门应当对发展对象进行短期集中培训。培训时间一般不少于三天(或不少于二十四个学时)。培训时主要学习党章、《关于党内政治生活的若干准则》等文件。中央组织部组织编写的《入党教材》,可以作为学习辅导材料。

未经培训的,除个别特殊情况外,不能发展入党。

第四章　预备党员的接收

第十八条　接收预备党员应当严格按照党章规定的程序办理。

第十九条　支部委员会应当对发展对象进行严格审查,经集体讨论认为合格后,报具有审批权限的基层党委预审。

基层党委对发展对象的条件、培养教育情况等进行审查,根据需要听取执纪执法等相关部门的意见。审查结果以书面形式通知党支部,并向审查合格的发展对象发放《中国共产党入党志愿书》。

发展对象未来三个月内将离开工作、学习单位的,一般不办理接收预备党员的手续。

第二十条 经基层党委预审合格的发展对象,由支部委员会提交支部大会讨论。

召开讨论接收预备党员的支部大会,有表决权的到会人数必须超过应到会有表决权人数的半数。

第二十一条 支部大会讨论接收预备党员的主要程序是:

(1) 发展对象汇报对党的认识、入党动机、本人履历、家庭和主要社会关系情况,以及需向党组织说明的问题;

(2) 入党介绍人介绍发展对象有关情况,并对其能否入党表明意见;

(3) 支部委员会报告对发展对象的审查情况;

(4) 与会党员对发展对象能否入党进行充分讨论,并采取无记名投票方式进行表决。赞成人数超过应到会有表决权的正式党员的半数,才能通过接收预备党员的决议。因故不能到会的有表决权的正式党员,在支部大会召开前正式向党支部提出书面意见的,应当统计在票数内。

支部大会讨论两个以上的发展对象入党时,必须逐个讨论和表决。

第二十二条 党支部应当及时将支部大会决议写入《中国共产党入党志愿书》,连同本人入党申请书、政治审查材料、培养教育考察材料等,一并报上级党委审批。

支部大会决议主要包括:发展对象的主要表现;应到会和实际到会有表决权的党员人数;表决结果;通过决议的日期;支部书记签名。

第二十三条 预备党员必须由党委(工委,下同)审批。

乡镇(街道)党委所属的基层党委,不能审批预备党员,但应当对支部大会通过接收的预备党员进行审议。

党总支不能审批预备党员,但应当对支部大会通过接收的预备党员进行审议。

除另有规定外,临时党组织不能接收、审批预备党员。

党组不能审批预备党员。

第二十四条　党委审批前,应当指派党委委员或组织员同发展对象谈话,作进一步的了解,并帮助发展对象提高对党的认识。谈话人应当将谈话情况和自己对发展对象能否入党的意见,如实填写在《中国共产党入党志愿书》上,并向党委汇报。

第二十五条　党委审批预备党员,必须集体讨论和表决。

党委主要审议发展对象是否具备党员条件、入党手续是否完备。发展对象符合党员条件、入党手续完备的,批准其为预备党员。党委审批意见写入《中国共产党入党志愿书》,注明预备期的起止时间,并通知报批的党支部。党支部应当及时通知本人并在党员大会上宣布。对未被批准入党的,应当通知党支部和本人,做好思想工作。

党委会审批两个以上的发展对象入党时,应当逐个审议和表决。

第二十六条　党委对党支部上报的接收预备党员的决议,应当在三个月内审批,并报上级党委组织部门备案。如遇特殊情况可适当延长审批时间,但不得超过六个月。

第二十七条　在特殊情况下,党的中央和省、自治区、直辖市委员会可以直接接收党员。

第二十八条　对在中国特色社会主义事业中为党和人民利益英勇献身,事迹突出,在一定范围内有较大影响,生前一贯表现良好并曾向党组织提出过入党要求的人员,可以追认为党员。

追认党员必须严格掌握,由所在单位党组织讨论决定后,经上级党委审查,报省一级党委批准。

第五章　预备党员的教育、考察和转正

第二十九条　党组织应当及时将上级党委批准的预备党员编入党支部和党小组,对预备党员继续进行教育和考察。

第三十条　预备党员必须面向党旗进行入党宣誓。入党宣誓仪式,一般由基层党委或党支部(党总支)组织进行。

第三十一条　党组织应当通过党的组织生活、听取本人汇报、个别谈心、集中培训、实践锻炼等方式,对预备党员进行教育和考察。

第三十二条　预备党员的预备期为一年。预备期从支部大会通过其为预备党员之日算起。

预备党员预备期满,党支部应当及时讨论其能否转为正式党员。认真履行党员义务、具备党员条件的,应当按期转为正式党员;需要继续考察和教育的,可以延长一次预备期,延长时间不能少于半年,最长不超过一年;不履行党员义务、不具备党员条件的,应当取消其预备党员资格。

预备党员违犯党纪,情节较轻,尚可保留预备党员资格的,应当对其进行批评教育或延长预备期;情节较重的,应当取消其预备党员资格。

预备党员转为正式党员、延长预备期或取消预备党员资格,应当经支部大会讨论通过和上级党组织批准。

第三十三条　预备党员转正的手续是:本人向党支部提出书面转正申请;党小组提出意见;党支部征求党员和群众的意见;支部委员会审查;支部大会讨论、表决通过;报上级党委审批。

讨论预备党员转正的支部大会,对到会人数、赞成人数等要求与讨论接收预备党员的支部大会相同。

第三十四条　党委对党支部上报的预备党员转正的决议,应当在三个月内审批。审批结果应当及时通知党支部。党支部书记应当同本人谈话,并将审批结果在党员大会上宣布。

党员的党龄,从预备期满转为正式党员之日算起。

第三十五条　预备期未满的预备党员工作、学习所在单位(居住地)发生变动,应当及时报告原所在党组织。原所在党组织应当及时将对其培养教育和考察的情况,认真负责地介绍给接收预备党员的党组织。

党组织应当对转入的预备党员的入党材料进行严格审查,对无法认定的预备党员,报县级以上党委组织部门批准,不予承认。

第三十六条　基层党组织对转入的预备党员,在其预备期满时,如认为有必要,可推迟讨论其转正问题,推迟时间不超过六个月。转为正式党员的,其转正时间自预备期满之日算起。

第三十七条　预备党员转正后,党支部应当及时将其《中国共产党入党志愿书》、入党申请书、政治审查材料、转正申请书和培养教育考察材料,交党委存入本人人事档案。无人事档案的,建立党员档案,由所在党委或县级党委组织部门保存。

第六章　发展党员工作的领导和纪律

第三十八条　各级党委应当把发展党员工作列入重要议事日程,纳入党建工作责任制,作为党建工作述职、评议、考核和党务公开的重要内容。

对发展党员工作情况,市(地、州、盟)、县(市、区、旗)党委每半年检查一次,省、自治区、直辖市党委每年检查一次。检查结果及时上报,并向下通报。

重视从青年工人、农民、知识分子中发展党员,优化党员队伍结构。对具备发展党员条件但长期不做发展党员工作的基层党组织,上级党委应当加强指导和督促检查,必要时对其进行组织整顿。

第三十九条　各级党委组织部门每年应当向同级党委和上级党委组织部门报告发展党员工作情况和发展党员工作计划,如实反映带有倾向性的问题和对违反规定发展党员的查处情况。

第四十条　县以上党委及其组织部门应当重视对组织员的选拔、配备和培训,充分发挥他们在发展党员工作中的作用。

第四十一条　各级党组织对发展党员工作中出现的违纪违规问题和不正之风,应当严肃查处。对不坚持标准、不履行程序、超过审批时限和培养考察失职、审查把关不严的党组织及其负责人、直接责任人应当进行批评教育,情节严重的给予纪律处分。典型案例应当及时通报,对违反规定吸收入党的,一律不予承认,并在支部大会上公布。

对采取弄虚作假或其他手段把不符合党员条件的人发展为党员,或为非党员出具党员身份证明的,应当依纪依法严肃处理。

第四十二条　《中国共产党入党志愿书》的式样由中央组织部负责制定,省级党委组织部门按照式样统一印制,并严格管理。

第七章　附则

第四十三条　本细则由中央组织部负责解释。

第四十四条　本细则自发布之日起施行。《中国共产党发展党员工作细则(试行)》(中组发〔1990〕3号)同时废止。

四、党员院领导发展党员重点培养对象联系制度

《国务院办公厅关于推动公立医院高质量发展的意见》中明确指出,要建立健全把业务骨干培养成党员、把党员培养成业务骨干的"双培养"机制。公立医院作为医疗人才聚集的高地,聚焦高知识群体、高学历人才等重点群体,加强政治吸纳。

因此,公立医院领导要加强定点联系发展党员重点培养对象,其具体制度

可参考示例2.33。

示例2.33

A医院党员院领导定点联系发展党员重点培养对象制度

为统筹好医院党员发展数量、质量和结构,精准科学培养和发展党员,着力提高新党员质量,根据"控制总量、优化结构、提高质量、发挥作用"的发展党员总要求,医院党委聚焦高知识群体、高学历人才、海外留学归国人员、技术能手、青年专家群体,明确一批发展党员重点培养对象。为加强党委对重点培养对象培养教育工作的领导,结合我院实际,特制定本制度。

1. 定点联系原则

(1) 发展党员重点培养对象实施导师制管理,每位培养对象定点联系一位党员院领导作为发展党员全生命周期管理导师。

(2) 发展党员重点培养对象为正高级职称的,由党政主要领导进行定点联系培养。

(3) 发展党员重点培养对象为副高级职称及其他"双培养"对象的,由院级副职党员院领导进行定点联系培养。

(4) 发展党员重点培养对象依据党员院领导工作分管范围相关、专业技术相近、联系点支部划分等原则,相对应开展直接指导联系。

2. 定点联系制度

(1) 按定点联系原则划分,每位党员院领导至少联系1名发展党员重点培养对象。

(2) 重点培养对象每季度向直接联系指导的党员院领导递交思想汇报,如实汇报本人近期主动学习情况和现实表现。

(3) 党支部、培养人每半年对重点培养对象的各方面表现情况进行一次分析,填写培养考察意见,及时递交定点联系的党员院领导。

(4) 党员院领导要与重点培养对象加强直接联系指导,每年至少与重点培养对象进行一次面谈,宣传解释党的路线、方针、政策和决议,及时掌握所联系重点培养对象的思想状况和家庭工作情况。

(5) 组织干部处每年年末对重点培养对象做好分析工作,加强对重点培养对象全生命周期发展党员轨迹的动态监测。

附：发展党员重点培养对象成长记录册

发展党员重点培养对象
成长记录册

所在党支部＿＿＿＿＿＿＿＿＿＿＿＿＿＿＿＿＿

培养对象姓名＿＿＿＿＿＿＿＿＿＿＿＿＿＿＿＿

培养联系导师＿＿＿＿＿＿＿＿＿＿＿＿＿＿＿＿

中共××省/市××医院委员会
年　月　日

续 表

注 意 事 项

一、入党申请人、积极分子、发展对象经党委会确定为发展党员重点培养对象后,即填写此记录册。

二、填写须用黑色或蓝黑色墨水的钢笔或水笔。字迹清晰,内容真实。个别栏目填写不下时,可另加附页。

三、发展党员重点培养对象实施导师制管理,每位党员院领导定点联系一位培养对象作为发展党员全生命周期管理导师。重点培养对象应每季度向联系导师如实汇报本人近期主动学习情况和现实表现。

四、季度成长记录分三个栏目,成长感悟由发展党员重点培养对象据实填写,成长记录由××处填写,联系记录由重点培养对象本人根据联系导师谈话情况记录填写,由导师签字确认。

五、本登记表一般由发展党员重点培养对象本人保管,每季度培养记录由培养对象本人拍照上传至支部云,每年12月将当年成长记录递交××处存档。培养教育考察程序结束被吸收为正式党员后,此册交由××处归入党员档案。

姓　　名		性　　别		民　　族		出生年月	
学历/学位				籍　　贯			
科室/职务				职　　称			
教育经历							
工作经历							
获奖情况							

续　表

成长轨迹	首次递交入党申请书时间	
	确定为积极分子时间	
	参加积极分子培训班时间	
	确定为支部发展对象时间	
	确定为院发展对象时间	
	参加发展对象培训班时间	
	吸收为预备党员时间	
	预备党员转正时间	
联系导师	姓　名　　　　　　　职　务　　　　　　　起始时间	
	姓　名　　　　　　　职　务　　　　　　　起始时间	
	姓　名　　　　　　　职　务　　　　　　　起始时间	

成长感悟
（由重点培养对象填写）

成长记录
（由××处填写）

联系记录
（由重点培养对象回忆谈话内容填写，联系导师确认签名）

联系导师（签名）：＿＿＿＿＿＿＿＿
年　月　日

五、公立医院不合格党员处置制度

公立医院应按照党章,结合《中国共产党纪律处分条例》《中国共产党处分违纪党员批准权限和程序规定》等,依法依规处置不合格党员,具体制度可参考示例2.34。

示例2.34

A 医院不合格党员处置制度

根据党章第九条之规定:党员缺乏革命意志,不履行党员义务,不符合党员条件,党的支部应当对他进行教育,要求他限期改正;经教育仍无转变的,应当劝他退党。劝党员退党,应当经支部大会讨论决定,并报上级党组织批准。如被劝告退党的党员坚持不退,应当提交支部大会讨论,决定把他除名,并报上级党组织批准。党员如果没有正当理由,连续六个月不参加党的组织生活,或不交纳党费,或不做党所分配的工作,就被认为是自行脱党。支部大会应当决定把这样的党员除名,并报上级党组织批准。

根据党员的表现和态度,党组织对不合格党员的处置有以下几种方式及要求。

(1)提醒谈话。党组织发现党员有思想、工作、生活、作风和纪律方面苗头性倾向性问题的,以及群众对其有不良反映的,党组织负责人应当及时进行提醒谈话,抓早抓小、防微杜渐。

(2)批评教育。党组织对党员不按照规定参加党的组织生活、不按时交纳党费、流动到外地工作生活不与党组织主动保持联系的,以及存在其他与党的要求不相符合的行为且情节较轻的,应当采取适当方式及时进行批评教育,帮助其改进提高。

(3)限期改正。党组织对缺乏革命意志,不履行党员义务,不符合党员条件,但本人能正确认识自己的错误,仍希望继续留在党内、愿意接受组织教育并决心改正的,党组织应该给予改正的机会,要求其限期改正,时间不超过1年。对给予限期改正处置的党员应当采取帮助教育措施。

(4)除名处置。党员具有下列情形之一的,按照规定程序给予除名处置。① 理想信念缺失,政治立场动摇,已经丧失党员条件的,予以除名。② 信仰宗教,经党组织帮助教育仍没有转变的,劝其退党,劝而不退予以除名。③ 因思想蜕化提出退党,经教育后仍然坚持退党的,予以除名。④ 为了达到个人目的以退党相要挟,经教育不改的,劝其退党,劝而不退的予以除名。⑤ 限期改正期满后仍无转变的,劝其退党,劝而不退的予以除名。⑥ 没有正当理由,连续6个月不参加党的组织生活,或者不交纳党费,或者不做党所分配的工作,按照自行脱党予以除名。

对违犯党纪的党员,按照《中国共产党纪律处分条例》规定给予党纪处分。

六、公立医院发展党员工作学习贯彻要点

公立医院在发展党员工作中的学习贯彻要点可参考示例2.35。

示例2.35

A 医院发展党员工作学习贯彻要点

一、坚持把政治标准放在首位

《中国共产党发展党员工作细则》在党员标准上明确提出,党的基层组织应当吸收具有马克思主义信仰、共产主义觉悟和中国特色社会主义信念,自觉践行社会主义核心价值观的先进分子入党。在培养教育过程中,要教育引导入党积极分子端正入党动机,确立为共产主义事业奋斗终身的信念。《中国共产党发展党员工作细则》还强调,要对发展对象进行政治审查,凡是未经政治审查或政治审查不合格的,不能发展入党。

二、明确申请入党条件

党章规定:年满十八岁的中国工人、农民、军人、知识分子和其他社会阶层的先进分子,承认党的纲领和章程,愿意参加党的一个组织并在其中积极工作、执行党的决议和按期交纳党费的,可以申请加入中国共产党。

三、收到入党申请书后,支部需要做什么

(1)审看入党申请书。主要看入党申请人的年龄、国籍等是否符合申请入党条件,入党动机是否端正、对党的认识是否深刻、成长经历是否清楚、对待入党态度是否正确等情况。同时,对入党申请人递交的入党申请书要妥善保存。

(2)及时派人谈话。党组织应当在收到入党申请书一个月内派人同入党申请人谈话,及时了解其基本情况,帮助其提高思想觉悟,端正入党动机。

(3) 加强教育引导。采取多种形式对入党申请人进行培养教育,引导他们加深对党的基本知识的理解和把握,使其在思想上、政治上尽快成熟起来。

四、入党积极分子的确定和条件

(1) 入党积极分子应从已经向党组织提出入党申请书的人员,即在通常所说的"申请入党人"中确定。确定入党积极分子时应由党小组或共青团组织推荐,经支部委员会讨论通过(不设支部委员会的应经支部大会讨论通过),并报上级党组织备案。

党支部在确定入党积极分子前,一要认真审阅入党申请书,了解申请人的政治倾向、入党动机和对党是否忠诚老实;二要通过查阅档案和有关知情人,了解申请人成长的经历和思想、工作、学习、作风等方面的情况,以及他们家庭主要成员、主要社会关系等情况;三要与申请人谈话,鼓励他成长进步,了解他的入党动机和态度;四要个别听取党员以及群众对申请人的评价。

(2) 入党积极分子的条件:年满18岁,为中国公民,主动申请入党,有较强的入党愿望,积极靠近党组织;承认党的纲领,愿意遵守党的章程,具有初步的共产主义理想、信念和觉悟,自愿为实现党的基本路线和历史任务而奋斗终生;拥护党在现阶段的基本路线和各项方针、政策,积极投身改革开放和社会主义现代化建设,在生产、工作、学习岗位上表现比较突出;遵纪守法,能够开展批评和自我批评,敢于向不良倾向作斗争;思想作风正派,注意团结同志,助人为乐,具有奉献精神。

五、入党积极分子培养、教育的形式和方法

1. 教育形式

(1) 讲授式。主要是上党课、做报告等讲授形式。

(2) 示范式。用典型人物、典型事例进行教育。

(3) 启发式。由党员与入党积极分子个别谈话,进行帮助,启发觉悟。还可组织观看有关党的历史的电影、戏剧,参加纪念"七一"等活动。

2. 教育方法

(1) 党支部指定1—2名正式党员做入党积极分子的培养联系人,对他们经常进行帮助。

(2) 吸收入党积极分子听党课,参加讨论发展新党员的支部大会和入党宣誓仪式,以及党内组织的有教育意义的其他活动。

(3) 分配一定的社会工作,提出要求,观察他们的表现,检查完成情况并给予必要的帮助指导。

(4) 根据实际情况对他们进行业余的或集中的政治理论培训和专业培训。

(5) 要求入党积极分子经常向党组织汇报思想和工作情况。

六、入党积极分子考察的形式和方法

(1) 经常性考察。通过和入党积极分子谈话,听取汇报,了解他们的思想,也可以向群众了解其一贯表现和在关键时刻的表现。

(2) 在任务中考察。有意识地给入党积极分子分配一些工作和任务,或要求他们组织一些活动,提出具体要求,观察其表现。

(3) 在活动中考察。吸收入党积极分子参加党的一些活动,了解他们的心得体会,看他们的思想反映。

(4) 关键时刻考察。在关键时刻和在大是大非面前了解入党积极分子的态度、觉悟和行动。

(5) 群众测评考察。通过党内外群众对入党积极分子进行民主评议和公开测评,了解入党积极分子的入党动机,对党的路线、方针、政策的认识水平和态度以及思想、工作、作风上的表现等。

七、确定为发展对象的条件

(1) 必须是经过一年以上培养、教育的入党积极分子。

(2) 政审必须合格,有符合实际的政审报告。

(3) 参加党组织举办的短期集中培训,经考核成绩合格,基本掌握和理解党的基本知识。

(4) 本人对入党有迫切要求,对党有正确认识,入党动机端正。

(5) 表现良好,符合党章规定的党员标准。

八、确定发展对象的程序

(1) 党小组对入党积极分子的表现情况进行讨论研究,向党支部提出能否列为发展对象的意见。

(2) 党支部认真听取支部委员会综合党小组(不设支部委员会的由支部党员大会)、培养联系人、党员和群众的意见,经过讨论研究,确定发展对象人选。

(3) 党支部将发展对象人选报上级党委备案。

(4) 党支部按照上级党委备案意见,确定发展对象并进行公示。

九、入党宣誓的时机和入党宣誓仪式的程序

1. 入党宣誓的时机

预备党员面向党旗进行入党宣誓,是党组织对预备党员进行的一次庄严、实际的党的观念的教育,也是预备党员进行自我教育的好形式。

(1) 入党宣誓仪式应在支部大会通过并经上级党组织批准其为预备党员后进行。如一个党委在短时间内连续批准几名预备党员,可统一举行一次入党宣誓。

(2) 宣誓一般由基层党委或党支部组织,不宜在党小组会上举行。

(3) 组织宣誓仪式的党组织的领导成员,一般都应参加宣誓仪式;参加宣誓的党员所在党支部、党小组负责人也应参加;还可适当吸收一些入党积极分子参加,邀请一些党员和上级党组织负责人参加。

2. 入党宣誓仪式的程序

(1) 主持人宣布宣誓仪式开始,奏(唱)《国际歌》。

(2) 党组织负责人致辞。

(3) 宣布参加宣誓的预备党员名单。

(4) 预备党员向党旗宣誓。

(5) 参加宣誓的预备党员(或代表)表决心。

(6) 应邀出席入党宣誓仪式的老党员、优秀党员和入党积极分子代表发言。

(7) 党支部负责人或上级党组织负责人讲话。

(8) 奏(唱)国歌,宣布仪式结束。

十、入党誓词的内容

党章第六条规定:预备党员必须面向党旗进行入党宣誓。誓词如下:我志愿加入中国共产党,拥护党的纲领,遵守党的章程,履行党员义务,执行党的决定,严守党的纪律,保守党的秘密,对党忠诚,积极工作,为共产主义奋斗终身,随时准备为党和人民牺牲一切,永不叛党。

十一、入党宣誓的主持和领誓注意事项

(1) 入党宣誓仪式应当郑重、严肃。宣誓时,领誓人、宣誓人均持立正姿势,面向党旗,举右手握拳过肩,除解放军官兵外,均应脱帽。

(2) 誓词由党组织负责人逐句领读,宣誓人齐声跟诵。领誓人领读全部誓词后,提示"宣誓人",宣誓人分别报自己的姓名。

十二、对预备党员教育和考察的内容

1. 对预备党员教育的内容

（1）进行党的基本知识的教育。使预备党员进一步了解党的性质、现阶段的任务和最终目标、指导思想、组织原则、党的纪律、优良传统和作风、党员的权利和义务等，不断提高对党的认识。

（2）进行党的路线、方针、政策的教育。使他们明确新时期党的任务和党的基本路线，提高执行党的路线、方针、政策和决议的自觉性。

（3）进行"怎样做一个合格党员"的教育。使他们牢固树立共产主义远大理想，扎实工作，自觉改造思想，克服非无产阶级思想，树立正确的世界观、人生观、价值观，真正解决从思想上入党的问题。

2. 对预备党员考察的内容

（1）考察他们的政治立场，了解他们的政治品质及对党和党的事业的态度。

（2）考察他们的入党动机，对党是否忠诚老实。

（3）考察他们能不能认真履行党员的权利和义务、执行党的政策和决议、发挥先锋模范作用。

十三、对预备党员教育和考察的基本方法

预备党员要成为一名合格的正式党员，一方面要按照党章规定的党员标准严格要求自己；另一方面，要靠党组织加强对他们的教育和考察。教育和考察的基本方法如下：

（1）听取本人汇报。党组织应定期听取预备党员本人汇报思想、学习、工作等方面的情况，肯定成绩，找出差距，指出努力方向。

（2）个别谈心。党组织应针对预备党员的实际情况，经常找他们谈心，了解和帮助其解决思想上、工作中遇到的问题。

（3）举办培训班集中培训。培训结束时要进行考试，并将学习成绩作为预备期满能否转正的依据之一。

（4）严格党的组织生活。通过参加组织生活，使预备党员接受党内生活的锻炼和党组织的帮助与监督。

（5）分配适当的工作或交办某些任务，使预备党员在实践中锻炼提高。

（6）定期鉴定。党支部应定期听取党小组和入党介绍人的汇报，每季度对预备党员的表现情况讨论一次，并作出鉴定，填入《预备党员教育考察记录册》。

发现问题及时向本人指出。

（7）指定专人负责联系预备党员,并对其表现情况做好记录。预备党员的入党介绍人要继续做好对其的培训教育和考察工作。

第三章

"架梁"——公立医院基层党建业务深度融合

根据中共中央办公厅印发的《关于加强公立医院党的建设工作的意见》以及中共上海市委办公厅《关于加强公立医院党的建设工作的实施意见》等文件，要求加强党对公立医院的领导，强调要实行党建工作与业务工作同部署、同推进、同考核，不断提升基层党建工作质量，促进党建工作与业务工作有机融合，根据新的要求，制定相关工作制度，切实做到公立医院基层党建与业务深度融合。

第一节 党建引领干部人才建设

一、公立医院中层管理干部轮岗交流制度

为加强干部多岗锻炼，促进干部成长，不断激发干部队伍干事创业动力，近年来，国家及地方层面都陆续下发文件，明确干部岗位交流工作导向，尤其是公立医院涉及人、财、物重点岗位的中层干部，更应落实定期的轮岗交流，这也是公立医院全面从严治党、营造良好政治生态的现实需要。

中共中央印发的《党政领导干部选拔任用工作条例》中的第五十一条规定：实行党政领导干部交流制度。交流的对象主要是：因工作需要交流的；需要通过交流锻炼提高领导能力的；在一个地方或者部门工作时间较长的；按照规定需要回避的；因其他原因需要交流的。交流的重点是县级以上地方党委和政府的领导成员，纪委监委、法院、检察院、党委和政府部分工作部门的主要领导成员。

中共中央办公厅印发的《关于加强公立医院党的建设工作的意见》中的(五)和(七)分别指出,推动落实公立医院领导人员任期制和任期目标责任制,完善领导人员交流制度;健全干部培养教育、交流锻炼和监督约束制度,完善考核评价体系。

中共中央组织部、原国家卫计委印发的《公立医院领导人员管理暂行办法》中的第三十二条明确,完善领导人员交流制度,畅通交流渠道,积极推进不同类别、不同等级医院之间交流,共享优秀人才资源。

中共中央办公厅印发的《事业单位领导人员管理规定》中的第二十八条和第二十九条指出,完善事业单位领导人员交流制度,统筹推进事业单位之间、事业单位与党政机关和国有企业、社会组织之间领导人员的交流。

基于此,对公立医院应对中层干部实行提级管理,加大轮岗交流力度,具体制度可参考示例3.1。

示例 3.1

A 医院中层管理干部轮岗交流制度

第一条 为加强干部队伍管理,加强反腐倡廉建设,优化干部配备,激发工作活力,更好地推进我院医疗、教学、科研、综合管理和后勤保障全面、协调、可持续发展,根据《党政领导干部选拔任用工作条例》等有关文件精神,结合医院实际,制定本制度。

第二条 本制度所称中层管理干部,是指医院行政职能部门和党务职能部门正副职负责人。

第三条 本制度所称轮岗交流,是指医院通过调任、转任和挂职锻炼等方式,对全院中层管理干部在医院各职能部门之间进行调整、换岗。

第四条 干部轮岗交流必须坚持民主集中制原则,坚持有利于工作开展的原则,坚持符合岗位职责要求的原则,坚持干部任职回避原则,坚持个人服从组织的原则。

第五条 轮岗交流主要有以下几个方面的原因:确因工作需要进行交流;通过交流锻炼提高领导能力;同一部门同一职位上任职时间超过文件规定的年数;按照规定需要回避;其他原因。干部交流原则上在医院职能部门范围内进行,根据工作需要,也可与临床、医技科室或其他单位交流。因部门工作业务专长等特殊情况,经医院党委研究决定可适当延长任职时间。

第六条 干部轮岗交流将作为干部培养锻炼的重要措施,在同等条件下,有多个岗位轮岗交流经历的干部优先提拔。

第七条 干部轮岗交流工作,按照干部管理权限,经党委会讨论通过后,由组织干部处组织实施。

第八条 基本程序:① 按照《党政领导干部选拔任用工作条例》的要求,根据各中层干部历年考核情况和实际工作情况,由组织干部处提出拟轮岗人员的建议名单;② 医院根据需要对调整对象进行经济责任审计;③ 经医院党委研究决定,印发任职文件。

第九条 中层管理干部轮岗交流期间,在医院未正式下达任免文件之前,现任中层管理干部要坚守工作岗位,认真履行职责,确保各项工作顺利进行;任命后,被调整干部要在一周内做好工作交接。

第十条 原任干部工作交接须确认前期工作和计划开展的工作情况,对工作中存在的问题进行说明;原工作岗位相关的资料档案、电子文档、办公设备等须列出明细以备书面交接。分管领导主持分管部门的工作交接,工作交接完毕须在书面材料(包括职能、资产、财务交接清单)上三方签名。新任干部自工作交接之日起,履行新岗位职责。

第十一条 严肃纪律:① 任何部门和个人必须坚决执行医院党委会作出的干部轮岗交流规定,在接到任职通知后,新任干部一周内必须到新岗位就职,拖延、拒绝上岗的,就地免职;② 需进行审计的轮岗干部要严格遵守离任审计的有关规定;③ 干部调离原部门后,不准干预原部门工作,不准从原部门携带公物及其他办公用品。

第十二条 对违反上述干部轮岗交流纪律的当事人和责任人,根据《中国共产党纪律处分条例》,视情节予以处理。

第十三条 本制度由医院组织干部处负责解释,自发布之日起实施。

二、公立医院领导干部联系高层次人才制度

党的二十大报告指出,必须坚持科技是第一生产力、人才是第一资源、创新是第一动力,深入实施科教兴国战略、人才强国战略、创新驱动发展战略,开辟发展新领域新赛道,不断塑造发展新动能新优势。习近平总书记也多次强调要实施人才强国策略,培养造就德才兼备的高素质人才。

《国务院办公厅关于推动公立医院高质量发展的意见》强调：坚持党管人才原则，完善人才培养、使用和引进管理办法，建立医院领导班子成员联系服务高层次人才制度，探索建立以医德、能力、业绩为重点的人才评价体系。

公立医院作为人才高地，凝聚着医学教育、医学研究、医疗创新等各类人才，为民众健康发展保驾护航，因此凝聚医院高层次人才、转变医疗发展模式是当前各级公立医院推进中的一项重要任务，有必要建立建全公立医院领导班子成员联系高层次人才的相关管理制度，具体可参考示例 3.2。

示例 3.2

A 医院领导班子成员联系高层次人才管理制度

为进一步贯彻落实全面从严治党要求，巩固提升党管人才成效，深入推进人才强院战略，充分发挥关键少数的示范带动作用，努力营造尊重知识、尊重人才的良好氛围，推动可持续、高质量发展，结合医院实际，制定院领导班子成员联系高层次人才工作制度，具体如下：

一、联系对象

两院院士、国家海外高层次人才、国家高层次特殊支持计划入选人才；

白玉兰、东方英才等省部级人才培养计划入选人员；

浦江人才、医苑新星等局级人才培养计划入选人员；

国家级重点学科（专科）带头人或负责人；

获得其他市级及以上人才培养称号的对象。

二、联系内容

(1) 宣传党的路线方针政策和重要批示指示精神，宣传上级党委、政府关于卫生健康领域的重大决策部署，宣传党管人才的政策要求，促进高层次人才不断增强"四个意识"、坚定"四个自信"、做到"两个维护"。

(2) 了解高层次人才思想动态，加强他们的理想信念和职业精神教育引导，树牢他们以人民为中心的服务理念。

(3) 向高层次人才介绍医疗行业管理及宣传医院中长期发展规划，做好医院相关规章制度、工作流程等解读，指导日常相关管理要求。

(4) 听取高层次人才关于质量安全、学科发展、人才培养、服务改善、绩效分配、职称评聘、安全生产等方面的有益建议和意见，研究完善相关管理措施。

(5) 关心高层次人才及家庭成员在工作、生活、学习上的困难困惑,给予针对性指导、疏导,帮助协调、解决相关问题。

(6) 关注高层次人才培养目标落实情况,积极为高层次人才营造有利的工作环境,搭建尊重知识、尊重人才的坚实平台。

三、联系要求

(1) 联系范围。领导班子成员原则上按照分工范围,与挂钩联系党支部和分管科室范围内的高层次人才建立联系关系,如班子成员为高层次人才,由党委主要领导负责与其联系。党办、人事、科研处、临床医学院等部门每年一季度确定联系对象名单,各党支部根据名单建立本支部覆盖科室高层次人才台账。

(2) 联系方法。领导班子成员可通过走访交谈、电话沟通、微信留言、发送邮件、召开座谈会等多种形式,与高层次人才开展联系,每季度至少一次,并视当事人工作岗位、承担任务、存在困难等,酌情增加频次。

(3) 联系记录及使用。领导班子成员与高层次人才面对面联系时,挂钩联系党支部书记和联系对象共同参加并做好联系内容记录,事后由党支部书记将需求和建议整理反馈给组织干部处,做好分解、落实。领导班子联系高层次人才要求纳入各领导班子成员的"一岗双责"清单,每半年主动向党委汇报联系内容及落实情况。

附:A 医院高层次人才谈话记录单

时 间		地 点	
联系人		记录人	
联系对象	姓 名		职务或职称	
	科室或部门		联系方式	
记录(联系情况及需要帮助解决的实际困难问题):				

三、公立医院青年人才联系制度

习近平总书记2021年9月在中央人才工作会议上强调:"把培育国家战略人才力量的政策重心放在青年科技人才上,给予青年人才更多的信任、更好的帮助、更有力的支持,支持青年人才挑大梁、当主角。"①

青年人才也是公立医院医教研全面发展的主力军,是医院生存、发展的基础。加强青年人才的培养联系,是医院提高诊疗质量,拥有持续发展动力的关键所在。因此,有必要建立建全公立医院青年人才联系的相关制度,具体可参考示例3.3。

示例3.3

A 医院青年人才联系制度

青年人才是医院事业持续发展的未来和希望。为切实加强青年人才的联系、服务和管理工作,充分发挥和调动青年人才在医院医疗、教学、科研等工作中的积极性和创造性,根据医院人才队伍建设工作实际,制定青年人才联系制度。

一、指导思想

贯彻落实习近平总书记关于新时代人才工作的新理念新战略新举措和中央人才工作会议精神,加强对医院青年人才的关心和引导,培养青年人才的敬业精神和良好的医德医风,营造识才爱才敬才用才的良好氛围。

二、联系对象

获得市级及以上人才项目的青年人才(院领导联系的高层次人才除外)。

三、联系原则

(一)实行职能部门负责人联系原则

由组织干部处、人力资源处、医务处、科研处、临床医学院等职能部门负责人联系本部门相对应的青年人才。

(二)实行分类联系的原则

临床业务部门的青年人才(专职科研人员除外),由医务处、科研处、临床医

---

① 习近平.深入实施新时代人才强国战略 加快建设世界重要人才中心和创新高地[EB/OL].[2021-12-15].http://jhsjk.people.cn/article/32241069.

学院的负责人定点联系。

中层干部、专职科研人员和职能部门的青年人才,由组织干部处、人力资源处、科研处的负责人定点联系。

(三)实行定期调整联系的原则

按照医、教、研、管全方位发展的培养目标,每名青年人才原则上每年调整一个新的部门负责人进行联系。

组织干部处将综合负责定点联系的职能部门负责人意见及日常了解情况,定期推荐特别优秀的青年人才由院领导直接联系。

四、联系内容

(1)向青年人才宣传党的路线方针政策、国家法律法规,宣传医院有关人才工作方面的政策和制度,通报医院医、教、研等各项工作的开展情况和未来发展规划。

(2)通过多种方式了解青年人才的思想动态和要求,听取其对医院相关事项和项目实施等方面的意见和建议,鼓励其建言献策。

(3)关心和帮助青年人才解决工作和生活上的困难和问题,加强政治引领,培养其主人翁态度和集体荣誉感,把各类优秀人才团结和凝聚在党的周围。

五、联系方式

(1)相关职能部门可通过走访约见、集中座谈、组织活动、专题讨论、电话联系、网络交流等形式开展联系服务工作。

(2)青年人才可通过邮件、电话、面谈等形式,主动与相关部门交流工作情况,反映各类问题、意见、建议和设想,积极为医院的发展建言献策。

(3)医院定期召开青年人才座谈会。青年人才可结合工作实际,就医院发展等方面提出意见和建议;相关部门就医院重大决策和重要工作听取青年人才的意见和建议。

六、联系要求

(1)联系部门与联系对象每季度至少联系1次;联系对象如有重大事项和紧急情况,可随时向主要联系部门反映。

(2)组织干部处负责总协调,建立青年人才信息库,定期与人力资源处和科研处共同进行更新;及时收集、梳理、协调解决,全程跟进青年人才反映的问题和建议。

附：A 医院青年人才谈话记录单

时 间		地 点	
联系人		记录人	
联系对象	姓 名	职务或职称	
	科室或部门	联系方式	
记录(联系情况及需要帮助解决的实际困难问题)：			

四、公立医院后备干部选拔培养管理制度

新形势下公立医院发展逐渐向内涵型竞争模式转变，对管理、科技、人才、服务质量和技术特色等方面都提出了更高的要求。面对"新老交替"的现实状况，传统的聚焦于业务型为主、专业型为辅的临床干部培养模式已无法满足当前公立医院高质量发展的高阶需求。因此，公立医院应当关注梯队建设，加强后备干部选拔培养，延伸医院领导班子联系高层次人才工作的内涵，聚焦培养复合型的优秀年轻后备干部，相关制度建设和工作方案可参考示例3.4—3.7。

示例3.4

A 医院中层后备干部选拔办法

为进一步助力医院干部成长，提升医院干部储备能力，在对接医院"医疗、科教、管理"全覆盖人才培养计划的基础之上，结合医院发展需要制定本办法。

一、指导思想和主要任务

进一步拓宽选人用人渠道，在一线工作中选"苗子"、拔"尖子"，对表现优秀、能力突出、群众认可的年轻干部，敢于给位子、压担子，遴选一批各方面素质

好、有发展潜力的优秀年轻干部,加大对各年龄段干部的统筹使用,为进一步深化医院的内涵建设提供坚实的组织保障。

二、结构要求

本轮中层后备干部选拔紧紧围绕市委"789"年轻干部工作总体部署,包括"70后""80后""90后"三档,通过科学严谨的评审,选拔出真正具有管理能力和服务意识的中层后备干部,树立医院科学的育人用人理念。

三、人选条件

医院中层后备干部人选应当具备《党政领导干部选拔任用工作条例》规定的基本条件,坚持德才兼备、以德为先,把理想信念坚定作为第一标准,综合素质较高,在本职岗位上实绩突出,敢于担当,善于管理,群众认可,面向全体临床、医技、职能部门人员进行选拔。具体条件如下:

(一)学历(或学位)和职称要求

根据医院发展和干部人才队伍现状制定具体要求。

(二)工作年限要求

根据医院发展和干部人才队伍现状制定具体要求。

(三)破格条件

特别优秀的比如在临床能力提升、转型发展中有创新、掌握并开展临床新技术的(以上需要请医务处出具证明),或有国家自然科学基金项目、JCR 2区以上SCI论文、省部级以上人才项目(以上需要请科研处或人事处证明)的,可要求破格。

四、工作程序

中层后备干部选拔,采取个人报名的方式,经科主任同意后参与选拔,根据医院干部管理权限,医院党委在对报名人选资格审查后,通过公开评审进行综合比选,并根据医院中层干部队伍需求和岗位实际空缺等情况,进行总体统筹平衡,形成年龄梯次适当、专业门类齐全、数量结构合理的干部梯队。

(1)发布通知:经过党委会审核通过后,发布中层后备干部选拔通知。

(2)报名:医院员工根据岗位需求结合自身情况并经科主任同意后进行报名,组织干部处对报名人员资格进行审查,并书面征求纪检监察部门意见,审查通过后上报党委会审核名单。

(3)竞聘:通过党委会审核的人选,择期进行公开选拔。

(4) 公示：选拔结果报党委会审核通过后进行公示。

(5) 宣布：公示期结束，如无人提出异议，正式宣布医院中层后备干部名单。

(6) 座谈：党委召开医院中层后备干部座谈会。

五、动态调整

医院中层干部选拔任用需要从相应的中层后备干部中选拔适合人选，没有合适人选的，再考虑从院外引入适合人选。

拟担任职能部门内设机构负责人职务的，一般需具备中层后备干部、党支部副书记及以上、带组组长、院聘主任助理等其中一种及以上的相关经历。

为了保证医院干部梯队培养规划的有效实施，促进医院干部梯队持续发展，医院中层后备干部设立成熟和退出机制，实行动态调整。

附：A 医院中层后备干部选拔报名表

姓　名		性　别		出生年月		
民　族		籍　贯		出生地		
党派及加入时间		参加工作时间		健康状况		
聘任专业技术职称				专业技术职称资格		
研究生导师资格情况				专业及专长		
学历学位	全日制教育		毕业院校系及专业			
	在职教育		毕业院校系及专业			
现任职务						
曾任职务						
党群组织内职务						
报名类别	□"70后"档　□"80后"档　□"90后"档					

续　表

报名部门意向	1.
	2.
联系方式	手机：
	邮箱：
已参加培训情况 （是否参加培训，参加培训的具体时间和地点）	1. □党校：
	2. □管理培训：
	3. □挂职锻炼：
	4. □轮岗交流：
	5. □出国培训：
主要工作经历	
近两年年度考核结果	
破格入选情况	（写明破格情况，并由医务处或者科研处、人事处签字盖章。）
党风廉政及行风建设情况	支部书记签字：
个人签名：	科主任签名：

示例 3.5

A 医院中层后备干部培养方案

为切实加强干部队伍建设，拓宽选人用人渠道，选优配强医院中层干部队伍,统筹加强各级各类干部的培养和使用,建立完善党管干部工作机制,结合医院"十四五"规划,探索实施医院干部队伍建设新举措,为医院深化公立医院改革奠定基础。在对接医院"医疗、科教、管理"全覆盖人才培养计划的基础上,制定医院中层后备干部队伍培养方案。

一、指导思想

认真贯彻落实党的二十大精神,坚持德才兼备、以德为先原则,以提高素质、优化结构为重点,拓展来源、改进方式、提高质量,努力建设一支符合公立医院改革和发展需要、能力强、素质好、敢于开拓、敢于担当的优秀中层后备干部队伍,为进一步深化医院改革发展提供坚实的组织保障。

二、培养原则

结合新一轮中层后备干部队伍调整,继续开展各类培训和岗位实践锻炼,坚持组织掌握、强化培训、动态管理,建立健全培养锻炼、适时使用、定期调整、动态调整的工作机制。

三、组织架构

医院党政主要领导担任领导小组组长,班子其他成员担任领导小组组员;各临床、医技、职能部门正职中层干部作为本部门中层后备干部队伍的培养责任人,负责中层后备干部培养对象的初步甄选和培养计划的具体实施;组织干部处作为医院中层后备干部队伍的组织协调部门,负责干部梯队的培养规划、干部甄选标准和程序的制定、培养对象确定和培养计划的统筹安排等。

(一)医院中层后备干部培养工作领导小组

组长:医院党政主要领导;

组员:班子其他成员。

(二)医院中层后备干部培养工作小组

组长:党委专职副书记;

组员:各职能部门中层正职。

四、培养范围

可按年龄或岗位类型进行分类,如:"70后"中层后备干部;"80后"中层后备干部;"90后"中层后备干部。

五、培养方法

以干部培训学院为依托,以"70后""80后""90后"不同培养对象的培养目标为需求,形成差异化的培养模式,并定期进行考核。具体内容如下:

（一）基础培养

（1）所在部门负责人作为导师，形成一级带一级、一级为一级做标杆的中层后备干部培养模式。

（2）在部门内或部门间进行轮岗交流。

（3）为培养中层后备干部的大局观，坚定中层后备干部的理想信念，要求中层后备干部必须参加党校培训、大师讲堂等理想信念类培训课程。

（4）鼓励参与申报院内外业务及管理课题，撰写相关论文并参加各类学术会议。

（5）鼓励在部门承担的管理项目中发挥重要作用，起草重要文稿、计划、调研报告等。

（二）高阶培养

为转变中层后备干部的思维方式，提高中层后备干部的管理能力，创造平台并为中层后备干部在院内外进行相关匹配岗位的挂职锻炼。

六、动态管理

为保证干部培养和晋升的公平公正性，营造人才成长良好的竞争环境，以员工的认可度和实绩作为考核依据，对中层后备干部进行动态管理，每2年对中层后备干部队伍进行遴选和调整；每年对中层后备干部队伍进行中期评估，根据评估结果对干部队伍进行调整。

本工作方案的拟订和修改由组织干部处负责，报党委会批准后执行。

示例 3.6

A 医院中层后备干部跨部门挂职锻炼方案

为进一步助力医院中层后备干部成长，提升医院中层后备干部的综合能力，培养一支数量充足、结构合理、素质优良的医院中层后备干部队伍，根据中组部《党政领导干部选拔任用工作条例》等有关文件精神，医院党委计划对医院中层后备干部进行跨部门的挂职锻炼。具体实施方案如下：

一、挂职锻炼对象

经医院公开选拔产生的中层后备干部。

二、挂职锻炼时间

按照文件规定的时间。

三、挂职锻炼形式

岗位挂职锻炼。岗位挂职实行院内跨部门不脱产形式,针对每位中层后备干部实际情况,结合本人意向,临床医技科室中层后备干部选择若干个职能部门挂职,职能部门中层后备干部选择若干个临床医技科室和若干个职能部门挂职。每个部门挂职锻炼时间为若干个月,每周若干个半天。

四、挂职锻炼期间管理

(1)中层后备干部在挂职锻炼期间由原部门和所在挂职锻炼部门共同管理,以原部门管理为主,所在挂职锻炼部门协助管理,考勤由原部门负责。

(2)挂职锻炼实施导师制加项目制培养方式。正职后备干部的导师由挂职部门的分管院领导担任,副职后备干部的导师由挂职部门的部门正职领导担任,在导师的带领下共同负责部门内具体项目的实施。挂职部门必须严格要求、严格管理,促使挂职干部把主要精力放在学习和锻炼提高上,帮助挂职干部制订学习和工作计划,明确任务要求,有意识地交任务、压担子,支持挂职干部大胆工作、经受锻炼、增长才干。及时了解挂职干部的工作和生活情况,听取意见建议,加强工作指导。

(3)挂职锻炼结束时,挂职干部要认真进行总结并填写《A医院中层后备干部培养记录册》(附示例3.7后),所在挂职锻炼部门导师实事求是地对挂职干部的表现作出鉴定。

示例3.7

A医院中层后备干部挂全职锻炼培养办法

为进一步助力医院中层后备干部成长,提升医院中层后备干部的综合能力,培养一支数量充足、结构合理、素质优良的医院中层后备干部队伍,根据中组部《党政领导干部选拔任用工作条例》等有关文件精神,特制定本办法。

一、挂全职锻炼对象

经医院公开选拔产生的中层后备干部。

二、挂全职锻炼时间

挂全职锻炼时间根据实际情况规定若干个月。

三、挂全职锻炼形式

挂全职锻炼实行院内跨部门全职锻炼方式,针对每位中层后备干部实际情况,结合本人意向,医院组织干部处提出挂实职锻炼方案,成熟一个推荐一个。

四、挂全职锻炼期间管理

（1）考勤：中层后备干部在挂全职锻炼期间由原部门和所在挂全职锻炼部门共同管理，以原部门管理为主，所在挂职锻炼部门协助管理，人事考勤仍由原部门负责。挂职锻炼部门制定考勤本，对本部门挂职干部的挂职锻炼时间段进行考勤，报挂全职干部的原部门。

（2）培养模式：挂全职锻炼实施导师制加项目制的联合培养模式。中层后备干部挂职期间的导师原则上由挂职部门的负责人担任，挂职干部在导师的带领下制定自己在该部门的项目，并具体负责项目的落实。挂职部门必须严格要求、严格管理，促使挂职干部把主要精力放在学习和锻炼提高上，帮助挂职干部制订学习、工作和项目计划，明确任务要求，有意识地交任务、压担子，支持挂职干部大胆工作、经受锻炼、增长才干。及时了解挂职干部的工作和生活情况，听取意见建议，加强工作指导。

（3）考核：挂职锻炼结束时，挂职干部要认真进行总结并填写《A医院中层后备干部培养记录册》，所在挂职锻炼部门导师实事求是地对挂职干部的考勤和综合表现进行评价。

（4）薪酬：中层后备干部挂实职期间薪资待遇依据原岗位待遇不变，继续由原部门发放。

附：A医院中层后备干部培养记录册

A医院中层后备干部培养记录册

姓　　名　_____

现　岗　位　_____

培养时间　_____

说　　明

（1）为了保证后备干部培养的针对性、有效性，医院对中层后备干部采用不同的培养方式，达到不同的培养标准。具体内容为：对本岗位所需的管理理论和知识进行自学，医院适时提供读书清单供选择；在本部门指定1名导师，负责带教和指导；参加医院组织的干部培训，条件许可可参与

续 表

院外的管理培训；在部门内或部门间进行轮岗交流，实施导师制加项目制的管理方式；鼓励参与申报院内外业务及管理课题，撰写相关论文并参加各类学术会议；鼓励在部门承担的管理项目中发挥重要作用，起草重要文稿、计划、调研报告等。

（2）为了保证医院后备干部队伍培养规划的有效实施，医院中层后备干部队伍将实行动态管理，原则上每2年进行调整一次。

（3）负责带教和指导的导师应本着对中层后备干部高度负责的态度，认真培养，全面考核。

（4）组织干部处将不定期抽查中层后备干部培养、考核情况。

基本情况	姓　名		性　别		出生年月	
	学历/学位		职　称		政治面貌	
	现任岗位		培养类别	(70档、80档、90档)		
	本部门导师		培养方向			
个人在本部门学习计划						
本部门培养计划						
本部门领导评语				签名： 　　　年　月　日		
挂职锻炼情况	锻炼部门1		锻炼时间			
	导　师		项目名称			
个人计划						
项目完成情况						
挂职锻炼导师评语				签名： 　　　年　月　日		

续 表

挂职锻炼情况	锻炼部门2		锻炼时间	
	导 师		项目名称	
个人计划				
项目完成情况				
挂职锻炼导师评语			签名： 年　月　日	
挂职锻炼情况	锻炼部门3		锻炼时间	
	导 师		项目名称	
个人计划				
项目完成情况				
挂职锻炼导师评语			签名： 年　月　日	
培养期间项目开展情况				
培养期间奖惩情况以及个人成果				
个人总结报告				
党委意见			盖章： 年　月　日	

中共 A 医院委员会制

第二节 党建引领学科建设发展

根据中共中央办公厅印发的《关于加强公立医院党的建设工作的意见》以及中共上海市委办公厅《关于加强公立医院党的建设工作的实施意见》等文件,要求党支部(党总支)书记作为业务科室核心管理小组主要成员之一,参加科室重要事项的讨论和决策,基于此,制定临床业务科室核心小组工作制度。

一、公立医院临床业务科室核心小组工作制度

公立医院临床业务科室核心小组工作相关制度可参考示例3.8。

示例3.8

A医院临床业务科室核心小组工作制度

为进一步增强集体领导,加强民主管理,提升临床医技科室管理水平,强化科主任负责制,更好地贯彻落实医院"三重一大"集体讨论制度,医院决定建立科室核心小组工作制度,负责讨论决定科室重要工作。具体如下。

一、指导原则

在科主任负责制的前提下建立科室核心小组工作制度(以下简称"工作制度"),工作制度是完善科主任负责制的重要内容之一,通过议事制度使科室管理更加科学化、规范化、制度化,核心小组是科室的管理核心。

二、科室核心小组人员构成

科室核心小组原则上由科室行政负责人、党支部书记、所属党支部的部分支部委员、护士长(技师长)、带组医生或组长代表、职代表等相关人员组成。当科室成员达到5人及以上时,应当成立核心小组,核心小组组长原则上为科室行政负责人,成员数量一般在3人以上,且人数一般应保持单数。

科室核心小组成员名单确定后由部门报组织干部处登记,调整核心小组成员时应主动向组织干部处备案。

三、科室核心小组工作范围

1. 重大决策事项

（1）科室贯彻执行党的路线方针政策、国家的法律法规和上级决定的重大决策。

（2）科室党风廉政、意识形态和行风建设相关事项。

（3）科室发展规划的制定和调整。

（4）科室重要规章制度的制定、修改和废除。

（5）科室人才培养计划（如公派出国、进修、学术会议等）。

（6）科室奖金分配方案的制定与调整。

（7）科室职称晋升人员的推荐。

（8）科室带组组长（医生）的推荐。

（9）科室人员的聘用与解聘的提议。

（10）科室奖惩事项及职工年度考核、聘期考核意见。

（11）科室及成员评优评先的推荐。

（12）重大人身伤亡、责任事故、突发事件的科室处理意见。

（13）医疗安全、安全生产、网络安全、舆情控制和品牌宣传相关事项。

2. 重要干部

科室后备干部选拔推荐。

3. 重要项目安排

（1）科室举办学习班、学术研讨会。

（2）科室重点项目、重要奖项的申报。

（3）科室国内外重要合作及交流事项。

（4）科室大型设备、医疗耗材的采购，新技术、新药品的申请。

（5）科室经济运营分析报告讨论及改进。

4. 大额资金使用

科室单项在一定数额以上的资金款项的支出申请。

5. 讨论决定科室其他重大工作。

四、工作事项的确定

核心小组工作事项由核心小组成员提出，报核心小组组长确定。对涉及人员聘用与培养、职称晋升、奖金分配等与员工利益密切相关的议题，在讨论前应先征求科内成员意见。

五、会议制度

（1）科室每月至少召开一次核心小组会议，如遇特殊紧急情况可随时召开。核心小组会议有记录和参会人员签到，对会议讨论决定的工作事项由核心小组成员确认签名。除因特殊紧急情况临时召开会议，会议的议题、时间和地点应当至少提前一天通知核心小组成员。

（2）科室核心小组会议需有三分之二以上科室核心小组成员到会方可举行。会议由核心小组组长召集并主持，核心小组组长因故不能出席时，若核心小组成员有党支部书记，可委托其召集并主持，否则不能召开核心小组会议。

（3）决策程序：会议讨论。会议主持人应安排足够的时间对议题进行充分讨论。讨论时，核心小组组长不应首先表明自己的观点，须听取其他核心小组成员的意见后再表明自己的态度和观点。因故未到会的核心小组成员的意见，可用书面形式递交会议讨论。

事项表决。会议由核心小组组长视讨论情况决定是否进入表决程序。可采取口头、举手、投票表决的形式，持赞成与反对意见（含未到会核心小组成员的书面意见）的人数接近时，可暂缓表决，留待下次会议讨论。

作出决策。表决遵循少数服从多数的原则，赞成票数超过应到会人员的半数为通过。

形成纪要。讨论人员聘用与培养、职称晋升、奖金分配等与员工利益密切相关的问题时，应形成会议纪要并在核心小组会议记录加以体现。科室行政负责人否定多数人的意见作出最后决定的，须在会议纪要中说明理由。

（4）如发生重大突发事件和紧急情况，来不及集体议事及会议表决的，科室行政负责人视具体情况独立处置，事后应及时向核心小组报告并在核心小组会议记录加以体现。

六、决定的执行

（1）核心小组会议形成的决定、决议，由核心小组组长或其指定负责人具体组织实施。会议决定的工作事项在执行过程中确需作出重大调整的，应当根据相应程序再次召开核心小组会议讨论决定。

（2）核心小组成员必须坚决执行会议形成的决定。如有不同意见，可以保留或按照组织程序向医院党委提出，但在决定改变前必须按原决定执行。

七、监督检查

（1）核心小组会议应当自觉接受医院党政的领导和监督,接受医院组织干部处、纪检监察处等相关职能部门的督查,接受同级党组织和党员群众的监督。

（2）核心小组会议实行决策失误责任追究制度,对违反决策程序造成重大失误或决策执行不力造成严重后果的,按有关规定追究责任。对于个人或少数人擅自决定本应由核心小组会议集体决策的行为,严肃追究相应责任人的责任。

八、附则

本办法自发布之日起实施,由组织干部处负责解释。

二、公立医院党员院领导定点联系党支部制度

公立医院党员院领导定点联系党支部的相关制度和工作方案可参考示例3.9。

示例3.9

A医院党员院领导定点联系党支部工作方案

为认真贯彻落实党的二十大会议精神,牢固树立党的一切工作到支部的鲜明导向,加强党委对党支部工作的分类指导,全面提高党的建设工作整体水平,根据落实党建工作责任制的要求和党委工作安排,制定本方案。

一、指导思想

以习近平新时代中国特色社会主义思想为指导,坚持党要管党、从严治党的方针,结合公立医院党建工作实际,加强对党支部工作的分类指导,认真研究解决新形势下党建工作出现的新情况、新问题,全面推进党的思想、组织、作风和制度建设,进一步发挥党支部的战斗堡垒作用和党员的先锋模范作用,增强党支部的创造力、凝聚力和战斗力,为医院圆满完成各项工作任务提供强有力的政治、组织保证。

二、定点联系的主要工作内容

（1）做好宣传贯彻工作。宣传贯彻习近平新时代中国特色社会主义思想;宣传贯彻党中央重要会议精神;宣传贯彻党的路线方针政策;宣传贯彻党和政府有关卫生政策、卫生管理等工作的政策措施。

（2）掌握情况、培养典型。了解掌握所联系党支部的思想、组织、作风和制度建设情况,积极引导党支部围绕医院、所辖科室专业中心任务开展工作,发挥

战斗堡垒作用。了解掌握党员的思想、工作和现实表现,在各自岗位上发挥先锋模范作用的情况。发现和培养典型,宣扬和褒奖先进党支部和表现突出的党员,对后进党支部和党员进行帮助教育,做好转化工作。

(3) 抓好督促检查。检查督促所联系党支部认真落实党支部组织生活制度("三会一课"制度、主题党日制度、民主生活会制度、民主评议党员制度等),贯彻党的民主集中制原则,加强对党员特别是党员干部的教育、管理和监督,保证党支部组织生活时间、人员、内容和效果落实,提高和增强党内生活的质量和活力。

(4) 指导创先争优工作。结合党支部实际,指导所联系党支部深入开展创先争优活动,帮助党支部制定目标、任务、措施和要求,根据党支部创建计划,认真抓好落实。

(5) 监督党风廉政建设。指导和监督党支部班子和中层干部加强廉洁从业建设。按照党委有关规定和要求,帮助党支部和中层干部搞好班子团结,认真履行职责,做出正确决策,秉公使用权力,做好群众的模范和表率。

三、定点联系的要求

(1) 党员院领导要了解掌握所联系支部的情况。定期到所联系党支部调查研究,并参加一年一次的党支部民主生活会。

(2) 在工作中发现党支部建设带有倾向性的问题,除及时帮助解决外,要及时向党委报告。

(3) 所联系党支部要积极配合,主动及时地向定点联系的党员院领导汇报情况、反馈信息,共同研究探讨加强自身建设的措施和办法。

三、公立医院党建查房基层调研工作制度

公立医院党建查房基层调研工作制度和工作方案可参考示例3.10。

示例3.10

A医院党建查房基层调研工作方案

为深入学习贯彻习近平新时代中国特色社会主义思想,全面贯彻落实党的二十大精神,进一步提高调查研究工作质量和水平,制定如下党建查房工作方案。

一、总体要求

调查研究是我们党的传家宝,通过实行党建查房,可有效了解基层党支部

党内政治生活开展情况，掌握一线需求。

开展调查研究工作，必须坚持以习近平新时代中国特色社会主义思想为指导，深刻学习领会习近平总书记关于调查研究工作的重要指示精神，深入学习习近平总书记关于调查研究的重要论述，把大兴调查研究作为推动党的二十大精神在医院落地生根的具体举措，作为医院领导干部带头深入调查研究的重要方法，作为深入谋划推进医院高质量发展的有效路径，夯实学科内涵建设根基、提高医疗服务质量和水平、提升患者就医体验、践行新时代公立医院职责与使命，使调查研究工作同医院中心工作和决策需要紧密结合起来，更好为科学决策服务，为提高医院治理能力服务，为履行公立医院使命任务服务。

开展调查研究工作，要准确把握党中央提出的"五个必须"基本原则，必须坚持党的群众路线，从群众中来、到群众中去，增进同人民群众的感情，真诚倾听职工患者呼声、真实反映职工患者愿望，自觉向群众学习、向实践学习。必须坚持实事求是，坚守党性原则，一切从实际出发，理论联系实际，听真话、察实情，坚持真理、修正错误，有一是一、有二是二，既报喜又报忧，不唯书、不唯上、只唯实。必须坚持问题导向，增强问题意识，敢于正视问题、善于发现问题，以解决问题为根本目的，真正把情况摸清、把问题找准、把对策提实，不断提出真正解决问题的新思路新办法。必须坚持攻坚克难，发扬斗争精神，增强斗争本领，勇于涉险滩、破难题，知难而进、迎难而上，把调查研究成果转化为推进工作、战胜困难的实际成效。必须坚持系统观念，深入实际、深入一线、深入职工患者调查了解情况，把握好全局和局部、当前和长远、宏观和微观、主要矛盾和次要矛盾、特殊和一般的关系，前瞻性思考、全局性谋划、整体性推进医院各项事业发展。

二、调研内容

开展党建查房，要紧紧围绕全面贯彻落实党的二十大精神，推动高质量发展，直奔问题去，实行问题大梳理、难题大排查，着力打通贯彻执行中的堵点淤点难点。要围绕贯彻落实党中央决策部署和习近平总书记系列重要讲话精神，结合职责任务，推动解决基层党建问题。

三、方法步骤

（1）统一思想。深入学习领会习近平总书记关于调查研究的重要论述，联系思想和工作实际，深入研讨，交流运用党的创新理论解决实际问题的具体案例和体会,提出改进工作的思路措施,增强做好调查研究的思想自觉、政治自觉、行动自觉。

(2) 制订计划。对全院党支部开展全覆盖调研,确定调研范围、时间和主题,统筹安排。

(3) 开展调研。要提高调研的科学性和实效性,结合落实党支部工作联系点制度,深入基层一线,摸准情况、吃透问题,开展典型案例的解剖式调研,加强督查式调研。

(4) 解决问题。对调研中反映和发现的问题,逐一梳理形成问题清单、责任清单、任务清单,逐一列出解决措施、责任部门、责任人和完成时限。对短期能够解决的,立行立改,马上就办。对一时难以解决、需要持续推进的,明确目标,紧盯不放,一抓到底,做到问题不解决不松劲、解决不彻底不放手。

(5) 督查回访。加强对调研问题完成情况、问题解决情况的督查督办和跟踪问效;适时进行回访,注意发现和解决新的问题。

四、工作要求

(1) 加强组织领导。由党委专职副书记带队,组织干部处统筹,抓好对接联系和调查研究的推进落实。

(2) 严明工作纪律。党建查房要严格执行中央八项规定及其实施细则精神,体察实情、解剖麻雀,把问题研究透彻、把措施提准提实。

(3) 坚持统筹推进。注重调研内容统筹,发现总结党建查房的有效做法和成功经验,完善党建查房长效机制。

附:党建查房调研记录表

调研支部			
调研时间		调研地点	
参会人员			
活动形式 (可多选)	☐党支部大会 ☐党课	☐支委会 ☐主题党日	☐党小组会 ☐其他

续表

调研发现的问题：		
序号	问题描述	拟解决方案

支部确认（签字）	

第三节　党建引领学科管理实践

品管圈项目最先运用在企业管理中，随后被引入到医疗质量管理过程中。近年来，随着党建工作与业务工作融合的不断探索与尝试，品管圈项目以党支部为依托，切实解决了群众中存在的急难愁盼问题，突出了党支部先锋堡垒作用以及党员的示范引领作用。

一、品管圈项目内涵及公立医院发展运用

（一）概念

随着传统医学模式的转变和新医改的实施，社会和患者对医院的医疗质量和护理服务质量的要求日益提高。公立医院由于公益性的社会角色，同时受到市场经济的冲击，要想保持自身的竞争和发展优势，提高医疗质量，就必须注重科学管理，引进先进的管理理念，应用创新的管理方法和工具。2016年7月原

国家卫计委发布的《医疗质量管理办法》第四章第二十六条中明确提出,医疗机构应当熟练运用质量管理工具开展医疗质量管理与自我评价,其中就包括PDCA循环(Plan 计划、Do 执行、Check 检查、Act 处理)、品管圈(Quality Control Circle,简称QCC)等。《国务院办公厅关于建立现代医院管理制度的指导意见》(国办发〔2017〕67号)指出,要"推动各级各类医院管理规范化、精细化、科学化"。近几年来,一些拥有先进管理理念的医院开始逐步使用PDCA循环、品管圈、5S(6S)管理、根因分析、失效模式与效益分析、临床路径、疾病诊断相关分类(DRGs)等科学管理工具,在医疗质量管理实践中产生了良好的效果。其中品管圈作为一种精细化管理工具,又是全面质量管理(TQM)的一环,品管圈活动以其广泛的群众性、高度的民主性和严密的科学性顺应了公立医院改革和医疗质量持续改善的时代要求。

品管圈(QCC)即品质管理圈,是一种自下而上的品质管理工具,是指由同一工作部门、同一工作性质或同一场所的人们,为了解决工作现场发生的或有可能发生的问题而自发组织起来,通过头脑风暴、团结协作、全员参与的形式,运用科学的工具和方法,使问题得以有效解决或改善的品质管理工具。

品管圈的理论基础是PDCA循环,常用的统计和分析工具主要是新、旧七手法。旧七大手法侧重于统计,包括层别法、查检表、排列图、直方图、因果图、散布图、控制图;新七大手法侧重于分析,包括关联图、系统图、KJ法、箭头图、矩阵图、PDPC法、矩阵数据解析法。

1. 品管圈的特点

(1) 普遍性:工作性质相同或相近的一线工作人员都能参加品管圈活动。

(2) 自愿性:参与的人员自行选择参加,不受政策限制和他人干扰。

(3) 目的性:团体共同解决工作中出现的问题。

(4) 科学性:遵循固定程序,运用科学的技术和工具。

(5) 民主性:参与者各抒己见、畅所欲言,发挥个人才能,实现预期目标。

(6) 改进性:遵循PDCA循环,不断提高工作质量。

(7) 经济性:投入少,见效快,方法易掌握,经济效益明显。

(8) 激励性:充分发挥员工的自主性和能动性,对其成效给予肯定和奖励,不断提高员工的工作积极性和组织凝聚力。

2. 品管圈的目的

(1) 培养员工积极改善的意识以及解决问题的能力。

(2) 强化员工对团体归属感及工作成就感。

(3) 促使组织政策目标能有效达成并持续落实。

(4) 引导员工参与质量经营促进管理水平提高。

(5) 协助组织训练员工及发掘人才。

3.品管圈的作用

(1) 改进质量：通过解决工作中的问题，改进工作质量。

(2) 激发学习动力：通过提高兴趣激发员工学习动力，培养员工积极的工作态度。

(3) 提高员工能力：提高员工知识和技能，主动防范危机，提高员工解决问题的能力。

(4) 增强团队意识：提升组织凝聚力和员工的目标意识，进而提高工作绩效。

(5) 提高患者的满意度：通过持续改善工作质量，进而提高患者的满意度。

(二) 国外的发展与应用

1950年戴明(Deming)教授在其统计方法课程中提及品管思想，1954年裘兰(Juran)教授在其课堂上开展了质量管理课程。① 20世纪80年代以后，品管圈活动在日本、美国等国以及东南亚地区的大型企业中广泛应用，并且对产品质量起到了至关重要的作用。

国外将品管圈应用到医院管理中是从20世纪90年代开始的，全世界近80个国家或地区都开展品管圈活动以进行医疗质量管理改进。② 开展品管圈活动能够解决医院在医疗工作中的诸多问题。在品管圈活动中，组织成员探讨工作中存在的问题，查找解决问题的方法，提出解决问题的改善方案，促使组织成员高效地完成工作，实践证明，品管圈活动是一种科学有效的质量管理方法。

(三) 国内的发展与应用(医疗)

品管圈活动于1967年首先引我国台湾地区，至今已有50多年的历

---

① 亓静.品管圈在护理质量管理中的作用[J].中国卫生产业，2018(4):54-55.
② 张茜.精益管理在公立医院品质提升中的应用[D].黑龙江八一农垦大学，2020.

史。① 近50年来,品管圈活动在我国持续发展。1979年,中国质量协会组织了全国第一届品管圈成果交流与竞赛活动②,之后很快在企业逐步推广和普及,并在1990年代后逐步推广到医疗卫生机构。

1993年开始,我国部分医院逐渐开展了品管圈活动,最早应用于护理质量的改进。2000年以来,一些医院开始将品管圈应用于不同的质量部门,包括护理技术与管理、药事管理、手术室以及医院质量相关管理。2005年,海南省在试点医院举办品管圈培训班,推行品管圈活动。2007年,上海医药学会将品管圈引入医院药事管理。2008年,海南省在全省推行品管圈,并把品管圈作为医院管理的硬性考核指标,写入相关质量管理标准。③ 2013年全国首届医院品管圈大赛的举办确定了医院品质管理在我国医院公立医院全面质量管理的重要性。④ 2013—2022年,中国医院品质管理联盟共举办十届全国医院品管圈大赛。

二、公立医院品管圈项目研究指南及方案

(一) 品管圈项目研究指南

公立医院在开展品管圈项目研究前应制定研究指南,以为品管圈项目的顺利开展奠定基础,具体可参考示例3.11。

示例3.11

A医院品管圈项目研究指南

为进一步提升公立医院质量管理工具运用能力,加强公立医院自身建设和管理,促进公立医院高质量发展,更好地满足人民群众的医疗服务需求,根据《关于印发医疗质量安全核心制度要点的通知》《国务院办公厅关于加强三级公立医院绩效考核工作的意见》《国务院办公厅关于推动公立医院高质量发展的

---

① 林淑芬.台湾品管圈的发展模式与特色[J].中国质量,2013(11):24-25.
② 中国质量管理小组活动25年大事记(1978年—2003年)[J].中国质量,2003(11):84-85.
③ 王爔楠,郑志钊,胡玥.浅析品管圈在医院出院结算工作中的应用[J].经济师,2015(12):124+126.
④ 张茜.精益管理在公立医院品质提升中的应用[D].黑龙江八一农垦大学,2020.

意见》,梳理出相关核心指标,用于医院品管圈项目申报参考,制定本指南。

一、医疗质量安全核心制度

首诊负责制度;三级查房制度;疑难病例讨论制度;会诊制度;急危重患者抢救制度;手术分级管理制度;术前讨论制度;手术安全核查制度;查对制度;死亡病历讨论制度;病历管理制度;值班与交接班制度;新技术和新项目准入制度;临床用血审核制度;分级护理制度;危急值报告制度;抗菌药物分级管理制度;信息安全管理制度。

二、患者安全目标

正确识别患者身份;确保用药与用血安全;强化围手术期安全管理;预防和减少健康保健相关感染;加强医务人员之间的有效沟通;防范与减少意外伤害;提升管路安全;鼓励患者及其家属参与患者安全;加强医学装备安全与警报管理;加强电子病历系统安全管理。

三、公立医院绩效考核指标

序号	考核指标	指标性质
(1)	门诊人次数与出院人次数比	监测比较
(2)	下转患者人次数(门急诊、住院)	逐步提高↑
(3)	日间手术占择期手术比例	监测比较
(4)	出院患者手术占比	逐步提高↑
(5)	出院患者微创手术占比	逐步提高↑
(6)	出院患者四级手术比例	逐步提高↑
(7)	特需医疗服务占比	监测比较
(8)	手术患者并发症发生率	逐步降低↓
(9)	I类切口手术部位感染率	逐步降低↓
(10)	单病种质量控制	监测比较、逐步降低↓
(11)	大型医用设备检查阳性率	监测比较
(12)	大型医用设备维修保养及质量控制管理	监测比较

续表

序号	考核指标	指标性质
(13)	通过国家室间质量评价的临床检验项目数	逐步提高↑
(14)	低风险组病例死亡率	逐步降低↓
(15)	优质护理服务病房覆盖率	逐步提高↑
(16)	点评处方占处方总数的比例	逐步提高↑
(17)	抗菌药物使用强度(DDDs)	逐步降低↓
(18)	门诊患者基本药物处方占比	逐步提高↑
(19)	住院患者基本药物使用率	逐步提高↑
(20)	基本药物采购品种数占比	逐步提高↑
(21)	国家组织药品集中采购中标药品使用比例	逐步提高↑
(22)	门诊患者平均预约诊疗率	逐步提高↑
(23)	门诊患者预约后平均等待时间	逐步降低↓
(24)	电子病历应用功能水平分级	逐步提高↑
(25)	每名执业医师日均住院工作负担	监测比较
(26)	每百张病床药师人数	监测比较
(27)	门诊收入占医疗收入比例	监测比较
(28)	门诊收入中来自医保基金的比例	监测比较
(29)	住院收入占医疗收入比例	监测比较
(30)	住院收入中来自医保基金的比例	监测比较
(31)	医疗服务收入(不含药品、耗材、检查检验收入)占医疗收入比例	逐步提高↑
(32)	辅助用药收入占比	监测比较
(33)	人员支出占业务支出比重	逐步提高↑
(34)	万元收入能耗支出	逐步降低↓

续表

序号	考核指标	指标性质
(35)	收支结余	监测比较
(36)	资产负债率	监测比较
(37)	医疗收入增幅	监测比较
(38)	门诊次均费用增幅	逐步降低↓
(39)	门诊次均药品费用增幅	逐步降低↓
(40)	住院次均费用增幅	逐步降低↓
(41)	住院次均药品费用增幅	逐步降低↓
(42)	全面预算管理	逐步完善
(43)	规范设立总会计师	逐步完善
(44)	卫生技术人员职称结构	监测比较
(45)	麻醉、儿科、重症、病理、中医医师占比	逐步提高↑
(46)	医护比	监测比较
(47)	医院接受其他医院(尤其是对口支援医院、医联体内医院)进修并返回原医院独立工作人数占比	逐步提高↑
(48)	医院住院医师首次参加医师资格考试通过率	逐步提高↑
(49)	医院承担培养医学人才的工作成效	逐步提高↑
(50)	每百名卫生技术人员科研项目经费	逐步提高↑
(51)	每百名卫生技术人员科研成果转化金额	逐步提高↑
(52)	公共信用综合评价等级	监测比较
(53)	门诊患者满意度	逐步提高↑
(54)	住院患者满意度	逐步提高↑
(55)	医务人员满意度	逐步提高↑
(56)	重点监控高值医用耗材收入占比	监测比较

四、国家医疗质量安全改进目标

目标一：提高急性ST段抬高型心肌梗死再灌注治疗率。

目标二：提高急性脑梗死再灌注治疗率。

目标三：提高肿瘤治疗前临床TNM分期评估率。

目标四：提高住院患者抗菌药物治疗前病原学送检率。

目标五：提高静脉血栓栓塞症规范预防率。

目标六：提高感染性休克集束化治疗完成率。

目标七：提高医疗质量安全不良事件报告率。

目标八：降低非计划重返手术室再手术率。

目标九：降低住院患者静脉输液使用率。

目标十：降低阴道分娩并发症发生率。

五、《国务院办公厅关于推动公立医院高质量发展的意见》学习贯彻要点

(1) 构建公立医院高质量发展新体系。打造国家级和省级高水平医院；发挥公立医院在城市医疗集团中的牵头作用；发挥县级医院在县域医共体中的龙头作用；建立健全分级分层分流的重大疫情救治体系。

(2) 引领公立医院高质量发展新趋势。加强临床专科建设；推进医学技术创新；推进医疗服务模式创新；强化信息化支撑作用。

(3) 提升公立医院高质量发展新效能。健全运营管理体系；加强全面预算管理；完善内部控制制度；健全绩效评价机制。

(4) 激活公立医院高质量发展新动力。改革人事管理制度；改革薪酬分配制度；健全医务人员培养评价制度；深化医疗服务价格改革；深化医保支付方式改革。

(5) 建设公立医院高质量发展新文化。强化患者需求导向；建设特色鲜明的医院文化；关心关爱医务人员。

(6) 坚持和加强党对公立医院的全面领导。全面执行和落实党委领导下的院长负责制；加强公立医院领导班子和干部人才队伍建设；全面提升公立医院党组织和党员队伍建设质量；落实公立医院党建工作责任。

(二) 品管圈研究项目方案

公立医院品管圈研究项目可根据各院实际情况制定方案，具体可参考

示例3.12。

 示例3.12

A医院品管圈研究项目方案

为进一步加强公立医院党的建设,统筹管理基层党组织建设、推进重点任务落实、着力解决突出问题,努力做到对标准、强规范,抓重点、全覆盖,补短板、破难题,重落实、求实效,促创新、提质量,增强基层党组织的战斗力和凝聚力,加快医院转型发展,促进医院文化建设,A医院将开展新一轮品管圈(QCC)基层党建创新项目申报,现将有关事宜通知如下。

一、活动目标

根据中共中央办公厅《关于加强公立医院党的建设工作的意见》以及上海市委办公厅《关于加强公立医院党的建设工作的实施意见》等相关文件精神,结合医院卫生健康工作实际,鼓励医院党员主动发掘在医院管理、医院文化建设以及日常工作中存在的问题,通过数据汇集、整理、探讨,提出具有针对性的解决方案,切实增强医院党组织推进发展、服务群众、争先创优的能力,更好地推动医院建设和发展。

二、组织形式

所有党员以所在党支部为依托,结合自身工作需求和个人兴趣,以5—8人为限,自由组合QCC项目小组;每个党支部根据实际需求,组成1个以上项目组。每个QCC项目设置项目负责人1名,负责会议的召集、统筹安排以及资料成果收集等工作。

三、选题范围

本次党建创新项目活动以QCC的方式开展,各党支部结合自身工作实际,围绕管理模式创新、服务模式创新、科学技术创新、交叉应用创新等选题范围,任选其中一个选题开展项目研究,具体创新项目名称自拟。活动开展周期1年,具体时间安排如下。

(1)项目申报。各党支部可参照本通知立项范围,也可结合本支部或科室实际自立题目进行申报。鼓励跨支部、科室联合申报。各党支部统辖所在科室党员QCC项目立项选题,并于规定时间内上报指定邮箱(每个党支部至少申报1个项目)。

(2) 评审立项。第一轮为形式审查,凡是不符合立项范围的申报项目不能进入下一轮评审;第二轮为会议评审,以PPT汇报的形式开展,产生重点、立项和培育三类项目。

(3) 项目实施。各党支部书记、QCC项目小组按照工作方案,认真组织实施,完善措施,定期督查,确保项目取得成效。评审组将在规定时间内安排项目中期报告上交,了解各项目进度及落实情况。

(4) 项目成果汇报、评审。各QCC项目小组按照项目要求、目标任务开展查漏补缺,对项目效果进行深刻总结,并集中作成果汇报,由QCC项目专家评审委员会进行验收评审,为今后党建创新活动提供经验和指导。

三、公立医院品管圈研究项目申报及管理

(一) 品管圈研究项目申报

公立医院品管圈研究项目申报时应提供相应的表单,具体可参考示例3.13。

示例 3.13

A 医院品管圈研究项目申报

品管圈(QCC)党建创新项目流程(表1)旨在提供选题实施过程中的具体操作步骤及必要的工作输出,各QCC项目小组可根据流程开展活动,也可根据自身研究特色,从方法、途径、形式等各方面大胆探索创新。立项的所需表单详见表2、表3。

表1　QCC党建创新项目流程

工作阶段	编号	工作项目	工作输出
准备阶段	1	成立QCC项目小组(确定负责人、项目名称、组名、组员)	填写QCC党建创新项目立项汇总表,并上交
实施阶段	2	拟定活动推行计划	填写QCC党建创新项目立项申报表
	3	收集数据	查检表、柏拉图、直方图

续 表

工作阶段	编号	工作项目	工作输出
实施阶段	4	设定目标值	柏拉图、直方图
	5	要因分析	特性要因图或分析图、关联图
	6	要因验证	要因验证分析统计表
	7	制定对策	对策实施计划
	8	实施对策	实施过程记录
	9	效果检查	效果和效益总结分析
	10	总结及今后打算	遗留问题的提出
总结阶段	11	QCC活动记录汇整	会议记录、改善措施及各项原始记录
	12	QCC成果汇总	QCC成果word版、PPT汇报

表2 QCC党建创新项目立项汇总表

党支部：　　　　　　　　　年月日
第1联系人：　　　　　　　联系电话：
第2联系人：　　　　　　　联系电话：

序号	支部名称	支部书记	小组名称	QCC项目名称	项目负责人	负责科室	项目组成员

表3 QCC党建创新项目立项申报表

项目申报人	姓　名		科　室		党支部	
	联系方式			项目组名称		
项目名称						
主要成员	姓　名			职　务		
	姓　名			职　务		
	姓　名			职　务		
	姓　名			职　务		
	姓　名			职　务		
	姓　名			职　务		
	姓　名			职　务		
	姓　名			职　务		
项目问题一览表	需详细罗列QCC项目组成员提出的所有问题,并注明提出人					
项目名称	经过对以上项目问题的讨论,确定一个所要研究的问题,以问题为导向确定项目名称,并详述选择该项目的原因					
项目实行计划	制订活动计划及进度表,确定每一个项目组成员的职责和工作分工					
党支部意见	党支部书记签字：　　　　　　　　　　　　　　年　月　日					
项目评审意见	QCC项目专家评审委员会签字：　　　　　　　　年　月　日					

(二) 品管圈研究项目管理

公立医院品管圈研究项目管理应拟定管理方案,具体可参考示例3.14。

示例 3.14

A 医院品管圈研究项目管理方案

一、主题介绍

根据公立医院改革的新形势和提升党组织在群众中引领性作用的总体要求,鼓励党员自下而上主动发掘在日常工作中存在的痛点、难点问题,围绕模式创新、服务模式创新、科学技术创新、交叉应用创新,结合支部工作实际,开展党建创新工作,通过落细、落小、落实的党建举措推动中心工作发展,提升工作活力与张力。

二、项目管理要点及主要做法

QCC基层党建创新项目以党支部为依托完成项目申报。

(1) 成立QCC小组。① 各党支部召开支部会议,按照个人意愿,每5—7人组成一个QCC项目小组,每个党支部组成1—2个QCC小组。② 各QCC项目小组选出负责人。③ 由负责人主持相关工作会议,并做好会议记录。④ 以民主方式决定项目组名称。⑤ 负责人向所在党支部书记递交成立QCC项目小组的申请,党支部书记向党委提交申请汇总。

(2) QCC课题选定。① 每个QCC项目小组结合管理模式创新、服务模式创新、科学技术创新、交叉应用创新等方面,每人提出2—3个问题,并列出问题一览表。② 以民主投票方式产生QCC项目研究课题,提出选取理由,讨论并确定方案。

本阶段建议使用头脑风暴法。

(3) 制订活动计划。① 制订活动计划及进度表,并明确每一个组员的职责和工作分工。② 各QCC项目小组负责人填写活动申报表,由各党支部汇总后呈报党委备案。

(本阶段推荐使用头脑风暴法和甘特图。)

(4) 数据收集。① 根据选定的主题,设计适合QCC项目需要的查检表(备忘录),其中包括收集数据的周期、收集时间、收集方式、记录方式及责任人。② 根据所搜集的数据找出影响问题点的关键项目。

本阶段使用查检表、柏拉图、直方图等。

（5）要因分析及验证。① 针对选定的每一个关键项目，展开特性要因分析。找出影响的主要因素，主要因素要求具体、明确，并且便于制定改善对策。② 落实责任人对主要因素进行验证、确认。③ 重要原因分析采用分工方式完成，明确每个QCC项目小组成员分别负责研究、观察、分析等工作，并提出对策构想。

本阶段使用脑力激荡法和特性要因法。

（6）对策制定及实施。① 根据要因分析及验证结果把握重要原因和实际观察、分析、研究的结果，按分工的方式，将所得之对策一一提出讨论。② 根据上述的讨论获得对策方案后，项目成员分工整理成详细具体的方案。③ 开会讨论所制定的具体对策方案，并制订具体实施计划，制定具体的步骤、目标、日程和负责人。④ 实施计划。

本阶段使用头脑风暴法、系统图法。

（7）效果确认。在实施改善对策后，通过前后对比的方式对制订的计划进行验证。

本阶段可使用检查表、推移图、层别图、柏拉图、雷达图等。

（8）成果资料整理。① 计算各种有形成果。② 列出QCC项目小组成员几次会议以来所获得的无形成果，并做改善前、改善后的比较，以雷达图方式表示。③ 整理汇编有形成果和无形成果。

本阶段可使用柏拉图、雷达图。

（9）总结汇报。① 各QCC项目小组在规定期内接受专家评审团的结项审议。② 医院党委推选优秀项目参加市级及全国品管圈大赛。③ 医院党委在院内宣传并表彰优秀项目，鼓励各党支部将QCC党建创新项目实践成果运用到实际工作中。

第四章

"赋能"——公立医院基层党建创新实践

第一节 公立医院基层党建学术化

一、医疗系统党建研究工作内涵

党建研究具有鲜明的政治属性,体现的是党性与科学性的高度统一、政治性与实践性的高度统一。党建研究的成果与研究者坚持什么样的政治方向紧密相关。

党中央、国务院历来高度重视公立医院党的建设工作,习近平总书记在全国党的建设研究会第七次会员代表大会上作出重要指示,提出新时代的党建研究要"在推进马克思主义中国化时代化、正确把握社会主要矛盾和中心任务、重视战略策略问题、永葆党的马克思主义政党本色、推进党史学习教育常态化长效化等方面下功夫"①。这五个方面的重要要求,事关新时代党的事业全局,是新时代党的建设和党建研究的重大战略任务。

党的二十大报告对"推进健康中国建设"作出全面部署,提出的"促进优质医疗资源扩容和区域均衡布局""深化以公益性为导向的公立医院改革"②,为公立医院建设、改革与发展指明了方向,也为公立医院党建研究工作提出了新的要求。当前,公立医院党的领导体制机制同全面加强党的领导、全面从严治

---

① 习近平.加深对新时代党的建设规律的认识 继续为推进新时代党的建设贡献智慧和力量[EB/OL].[2022-01-22].http://jhsjk.people.cn/article/32337194

② 习近平.高举中国特色社会主义伟大旗帜 为全面建设社会主义现代化国家而团结奋斗——在中国共产党第二十次全国代表大会上的报告[EB/OL].[2022-10-25]. https://www.12371.cn/2022/10/25/ARTI1666705047474465.shtml

党的要求还不完全适应,同全面深化公立医院综合改革、健全现代医院管理制度的要求还不完全适应,公立医院党的建设方面还存在一些薄弱环节。因此,公立医院党建研究要把握新时代党建研究的基本原则、基本主线、基本方法、基本任务和价值取向,着力提高站位、解决问题、强化实践,以高质量党建引领医院内部治理体系和治理能力现代化,助力公立医院实现高质量发展。

二、公立医院党建课题相关制度及方案

公立医院党建课题的开展应建立相关制度及方案,具体可参考示例4.1。

示例 4.1

A 医院 2021 年度党建课题研究方案

为继续深入推进党建课题研究,助力医院党建工作质量提升,服务医院卫生健康工作发展,用党建研究优秀成果夯实基层党建工作。根据中共中央办公厅《关于加强公立医院党的建设工作的意见》和上海市委办公厅《关于加强公立医院党的建设工作的实施意见》等相关文件精神,结合医院卫生健康工作实际,医院党委将在全院党支部中开展 2021 年党建研究课题申报工作,现将有关事项通知如下。

一、选题范围

(1) 全面贯彻新发展理念,推进党建高质量创新发展研究。

(2) 同向推进党建工作和业务发展的机制研究。

(3) 推进党务工作队伍建设研究。

(4) 加强医务人员关心关爱机制研究。

(5) 推动完善党支部"双培养"机制研究。

(6) 发挥业务科室核心管理小组作用的实践研究。

(7) 提高科室核心管理小组议事决策质量和效率研究。

(8) 加强党支部人才的政治引领和政治吸纳研究。

(9) 党支部在风险治理、应急管理中发挥作用研究。

(10) 抓好党支部思想政治和医德医风建设工作研究。

(11) 党建引领支部文化品牌建设研究。

(12) 加强新时代党建带支部工(团、妇)建机制研究。

(13) 党支部在基层工作中"唱主角"的典型案例研究。

(14) 尊重党员主体地位、激励党员在新征程上自觉发挥先锋模范作用研究。

(15) 提高党员干部落实新发展理念的能力和水平研究。

(16) 全面提高党支部党课质量研究。

(17) 加强党支部党员教育管理研究。

(18) 推进宣传思想工作更走心暖心研究。

(19) 其他与党的建设相关自选题目。

二、评审立项

申报课题由党建研究课题申报评审小组负责评审，分重点、立项和培育课题三类，课题一经立项，由医院统一管理。如有内容相近的课题申报者，根据评审小组建议，将入选的有关申报者进行力量整合，集中组织实施。

三、申报要求

(1) 各党支部要认真做好课题申报的组织工作，鼓励支部和广大党员积极申报，每个党支部至少申报1项。申报情况将作为党支部和支部书记年终工作考评的重要内容；申报课题的选题应围绕上述申报课题范围展开，也可以针对某个课题中的某个方面展开，在课题设计中体现理论的创新性和实践的可操作性。

(2) 医院党委将进行三轮评审：第一轮为形式审查，凡是不符合选题范围的申报课题不能进入下一轮评审，计划4月中旬完成；第二轮为院外专家评审，计划4月下旬完成；第三轮为会议评审，对第二轮评审中成绩优异的课题在5月上旬进行集中汇报，产生重点、立项和培育三类课题。

(3) 要求课题在2021年11月前完成，评审组将在8—9月上旬安排课题中期报告审核，了解各课题进度及落实情况；10月下旬安排院外专家评审，11月安排课题终期汇报，评审课题研究成果。

(4) 各党支部在申报时应填写《2021年度党支部党建研究课题申报表》(见附表)。

四、项目验收

立项课题要在规定时间、以预定的成果形式高质量地完成课题研究工作，结题时应提交结题报告及公开发表的相关研究成果复印件。评审组将根据立项课题的研究内容和完成情况，优先向全国及上海市等上级部门的党建课题立项推荐,对优秀研究成果予以奖励。

五、课题经费

为更好地开展课题,以取得实效,党委将根据课题评审结果予以经费资助,2021年立项的党建课题经费参照医院经费使用管理规定,经费报销时间截至2023年5月31日,课题结余经费将划归医院经费账户,由医院统一管理。

附:2021年度党支部党建理论研究课题申报表

课题名称					
申报科室			所在支部		
课题负责人	姓　名		科　室	职　务	
	职　称		手　机	电子邮件	
主要参加人员					
姓　名	年　龄	职　务		职　称	研究专长
研究目的及主攻方向					
研究思路及创新之处					
成果形式					

续 表

党支部意见	负责人签名：
党委审核意见	

三、公立医院党建研究课题实践

示例4.2为A医院某党支部党建课题研究申报表,相关人员信息已略去,以项目主要内容为主,可供具体实践时参考。

示例4.2

A医院某党支部党建课题研究申报表

课题名称	基于立德树人理念的高校附属医院教师思政工作体系建设

一、研究背景

党的十八大以来,以习近平同志为核心的党中央把教师队伍建设、学校思想政治和意识形态工作等摆在突出位置,作出一系列重大决策部署。加强和改进教师思想政治工作是落实立德树人的根本任务和推动高校"双一流"建设的重要基础,为配合A大学的"双一流"建设,作为A大学体量最大的综合性附属医院,兼职教师思政工作作为高校教师思政工作的重要组成部分,关乎临床医生、临床教师、医学生的意识形态建设,对于社会的稳定有序起到了非常重要的作用。我院作为A大学附属医院,秉承"不从纸上逞空谈"的实干精神,将思想政治建设摆在全院教学工作的首位。

二、研究目的及主攻方向

当下各高校附属医院领导班子高度重视推进教师思政工作,并取得一些成效。但通过文献梳理和问卷调研,我们发现:目前该工作仍存在一些不适应新形势的问题。一是虽然相关文件中倡导承担教学任务的教学附属医院可积极探索设计教师思政工作部门,但是在操作层面,我市绝大部分医院尚未成立该部门,教师思政工作均仍由科教办公室承担。二是教师思政网络化管理还没确立。三是缺乏有效的教师思政教育载体。四是缺乏对教师思政工作的评价体系。

基于此,本课题拟针对以上存在的客观问题,将思想政治建设摆在建设一流师资队伍的首位,不断探索抓早教师队伍培训、抓实思想政治教育、抓好人才成长平台、抓住教师成长的各个关键时期和思政教育的各个重点环节,扎扎实实做好教师思想政治工作的途径。主要从以下几个方面开展研究:一是论证附属医院成立教师思政工作部门的可行性及机构设置办法。二是探索依托教师思政工作部—教研室—教师层面的三级网格化管理。三是探索附属医院以"思政金课程"作为教师、学生思政工作载体,有效提升思政工作有效性。四是探索建立教师思政工作评价体系,有效以评促建。

续 表

| 课题名称 | 基于立德树人理念的高校附属医院教师思政工作体系建设 |

三、研究思路
（一）技术路线

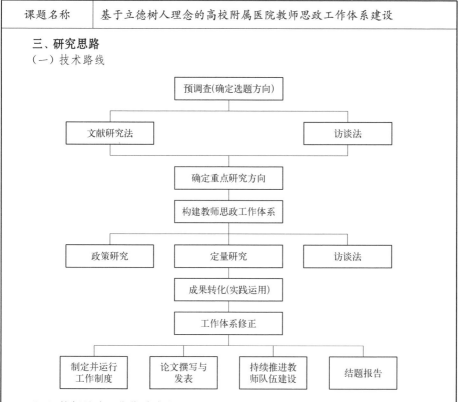

（二）教师思政工作体系建设

1. 教师思政工作网格化管理

《新时代公民道德建设实施纲要》《中共中央国务院关于全面深化新时代教师队伍建设改革的意见》均明确提出，要全面提升医院教师思想政治素质和职业道德水平。本课题探索在高校附属医院进行教师思政工作体系建设，深入学习贯彻习近平总书记关于教育的重要论述和全国教育大会精神，把立德树人的成效作为高校附属医院教学工作的根本标准，把师德师风作为评价临床教师队伍素质的重要标准，将社会主义核心价值观贯穿师德师风建设全过程，严格制度规定，强化日常教育督导，加大教师权益保护力度，激励广大教师努力成为"四有"（有理想信念、有道德情操、有扎实学识、有仁爱之心）好老师。同时探索和各教研室主任签订《教师思政建设责任书》，明确"临床兼职教师职业行为准则"和"临床兼职教师师德失范清单"，落实教师意识形态工作。

2. 课程建设

2019年，中共中央办公厅、国务院办公厅印发了《关于深化新时代学校思想政治理论课改革创新的若干意见》，提出大思政概念，包括了思想政治、人文、价值观、祖国文化、家国情怀等内容。本研究拟在思政课程、课程思政两个方面同时发力。

（1）在目前的课程设置中，只有思政课程为督促教师进行政治思想、意识形态方面的学习。本课题拟在目前思政建设的基础上进一步细化专业方向，形成医学导论、医患沟通、职业规划、科研伦理五个亚专业。当年，思政课涉及教师人数较少，主要以通、精神心

续 表

课题名称	基于立德树人理念的高校附属医院教师思政工作体系建设

教材教学为主,教师在结合专业实践、自我感悟等方面能够发挥的空间较小,在促进教师积极性方面存在不足。课程设置的意义在于:一是以课程建设为抓手,通过教学相长,加强教师意识形态的建设。二是通过思政课程的授课,培养医学生、规培生正确的价值取向。

(2)探索课程思政方式,对课程设置进行改革,探索在临床医学专业课总论中加入思政元素,教师通过深度挖掘,拓展和开发人文、医患沟通、祖国文化、核心价值观、家国情怀等内容。充分发挥课堂主渠道作用,引导广大教师守好讲台主阵地,将立德树人放在首要位置,融入渗透到教育教学全过程,以心育心、以德育德、以人格育人格。把握学生身心发展规律,实现全过程全方位育人,增强育人的主动性、针对性、实效性,避免重教书轻育人倾向。由近及远、由表及里、引人入胜地引导学生理解社会制度的历史性变革和国家取得的历史性成就,在扎实的文献研究和社会调查基础上,把家国情怀自然渗入课程方方面面,达到课程和思政有机融合、相互促进、协调发展。

3. 教师队伍建设

医院党委坚持思路上求实、教育上抓实、效果上见实,并且经常抓、长期抓、反复抓。教书育人,首先要对政治教育的输出源头进行把关,课题组拟以教师政治身份以及年度评价作为两个维度,初步对教师队伍进行排摸,以此构建分层分类的教师队伍建设模式。首先,将附属医院的教师队伍进行基础教育培训层次划分,将在附属医院中担任支部书记及以上党内职务的教师分为第一类,可以进行频次较低的教育培训;将党员教师作为第二类,进行中等频次的教育培训;将非党员的教师作为第三类,进行较高频次的教育培训。其次,对党员(包含担任党内职务的党员)教师3年的党内测评结果进行排摸,如果党内评价较低,则在第一类、第二类基础分类中进行降级处理,接受高于基础分类等级的教育培训。

4. 课程评价

回归教育的本质和初心,将客观量化评价与主观效度检验结合起来,综合采用结果评价、过程评价、动态评价等方式,结合系统的评价指标,采取线上线下结合的方式,从医院领导维度、教研室维度、教师维度、学生维度共同评价教师思政工作体系的建设。细化师德评价标准,完善并严格执行"师德一票否决"和"转岗解职"制度,强化师德责任;特别注重加强青年教师师德教育,坚持学术研究无禁区、课堂教学有纪律。

四、创新之处

从网格化管理、师资队伍建设、课程建设等多维度共同构筑高校附属医院育人大格局,坚定文化自信。

成果形式	1. 发表管理论文1—2篇。 2. 将教师思政管理的模式在系统内医院、党建联盟医院推广。
党支部意见	负责人签名:
党委 审核意见	

公立医院党建研究课题的结题汇报可参考示例4.3。

示例 4.3

党建研究课题 2021 年度结题汇报

公立医院党建研究课题的成果形式多样,示例4.4展示的为论文形式。

示例 4.4

A 医院 2021 年度党建研究课题结题论文
基于协同理论的医学院校附属医院思政工作体系构建

摘要:党和国家历来高度重视教育中的思政工作,医学院校附属医院因其思政工作的特殊性,面临着各方面的压力和各种问题。协同理论作为构造各类系统的理论基础和解决复杂性系统问题的方法,结合医学院附属医院思政工作建设,既充分调动不同的对象主体,使得教师思政与学生思政工作能够有机融合,又充分研究思政课程与课程思政的同向同行,同时以专业的师资队伍、系统的培训机制以及严密的评价体系作为支撑,最终形成思政教育多层次互补的圈层效应,达到教学相长的附属医院思政工作总目标。

关键词:附属医院;思政工作;协同理论

教育是国之大计、党之大计。党和国家历来高度重视教育中的思想政治工作,习近平总书记在2016年全国高校思想政治工作会议中强调,要把思想政治工作贯穿教育教学全过程,实现全员、全过程、全方位育人的"三全育人"理念。医学院附属医院既有高校思政工作的"共通性",也有其"特殊性"。医学院附属医院的学生普遍要经历理论学习、临床实践等多环节培养。思政工作仅仅针对学生单方面进行思政教育显然不行,思政教育仅仅依靠思政课程"一枝独秀"显然不够。因此,如何达到一种教师思政工作与学生思政工作辅车相依的长效闭环机制;如何推进课程思政与思政课程协同发力;如何从解决"三全育人"的根本举措着手,真正落实好立德树人的根本任务,是当前医学院附属医院思政教育工作亟待研究和解决的问题。

一、背景

医学院附属医院作为医学人才培养的核心环节,担负着全程、全方位育人的重担。医学生的思政教育和医德培养是医学教育深化改革重要的组成部分。我们既要在教育教学中注重专业素养与医德素养相结合,临床能力与医患沟通能力相结合,不断优化思政教育培养模式;又要结合学生思想特点和专业发展需要,将思政元素有效融入理论学习和临床实践的全过程;还要在如今复杂的社会环境中培养学生"珍爱生命、大医精诚"的救死扶伤精神,引导其将健康强国战略作为自身的使命担当。但随着医疗、社会环境的逐渐复杂以及医疗卫生事业改革的层层深入,医学教研工作给医院教师带来越来越大的压力,同时医学院附属医院的思政工作也面临着来自各方面的问题和挑战。

一是思政教育重视力度不够,多元协同的育人格局尚未形成。医学院附属医院过于重视专业知识和临床技能的培养,没有将思想教育工作作为一切教育的根基,让其发挥应有的作用。同时,学生的思政学习主动性不强、热情度不高,现有的思政教育与专业学习明显脱节。医学院附属医院需要改革现有单一的思政教育模式,多元主体合力育人的力量亟待加强。

二是思政元素与专业联系不紧密,医德教育观念不够重视。医院教师对医学教育改革与医疗发展政策缺乏敏感度。思政教育不仅未能紧密结合医学教育改革现实,还缺乏对学生职业道德、医德医风、法律法规以及心理健康的教育,思政教育在处理医患关系时有明显缺失,没有突出医学专业的特点。

三是思政教师师资队伍水平良莠不齐。单一的知识、老旧的说教已经无法满足现今医疗社会环境多样化的需求。很少有教师能够结合专业课程特点,深挖其思政元素,将对学生情感、态度培养以及价值引领的思政元素融入教育教学的各个环节。

思政教育不只是针对学生的教育,也不仅仅是针对思政课程的改革,需要保证人才培养主体的多元化,而多元参与又会带来复杂性。这就需要教育者改变片面的传统观念,用系统的思想和方法来分析和解决思政教育所遇到的各种问题。协同理论以系统论、信息论、控制论、突变论、现代科学最新成果等为基础,是研究不同事物之间共同特征及其协同机理的新兴学科,也是构造各类系统的理论基础和解决复杂性系统问题的方法,已成为众多研究者讨论的热点话题。如图1所示,结合医学院附属医院思政工作建设,既可以充分调动不同的对象主体,使得教师思政与学生思政工作能够有机融合,又充分研究思政课程

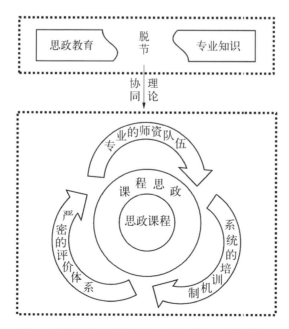

图1 协同理论下附属医院思政工作圈层效应体系

与课程思政的同频共振,打造以思政课程为圆心、课程思政为环绕的同心圆,同时以专业的师资队伍、系统的培训机制以及严密的评价体系作为支撑,最终形成思政教育多层次互补的圈层效应,达到教学相长的思政工作总目标。

二、师资队伍建设

(一)师资队伍选拔

通过文献查阅,初步建立由个人情况、思政素养、教学工作3项一级指标、12项二级指标构成的医学院附属医院思政教育师资队伍的选拔指标体系(表1)。

表1 医学院附属医院思政教育师资队伍的选拔指标体系

一级指标	二级指标	指标说明
A 个人情况	A1 任职情况	在院内或院外的任职情况
	A2 年资	高年资主任医师以上
	A3 受欢迎程度	年度最受欢迎教师排行
	A4 综合能力	综合能力突出,履职作用良好,曾经参加过支援工作
B 思政素养	B1 师德师风标准	坚持依法执教、廉洁从教、以德育人、为人师表、关爱学生、团结协作
	B2 思想认识水平	坚持正确的政治方向和坚定的政治信仰,有家国情怀;不发表不当言论,并能够及时制止其他人发表不当言论
	B3 思政元素敏度	善于挖掘专业课程本身的科学价值与思政元素,让学生深切感悟到课程内容背后的德育内涵
	B4 人才方向引领	熟悉所授专业学生职业标准,把学生向符合国家、社会需求的人才方向引领
C 教学工作	C1 教学经验	教学授课经验丰富、每年科普讲座次数≥1
	C2 教学成果	有单位级别以上的教学成果奖
	C3 教案质量	以课时或课题为单位,对教学内容、教学步骤、教学方法等进行准备且规范具体设计和安排
	C4 教学评价	不管是院内督导评价还是学生评价均能达到良好以上

(二)师资队伍培养

思想政治教育的三大基本要素是师、生、课,而做好思政工作的关键要素之一就是师资队伍。医学院附属医院区别于高校思政工作的特殊性之一就在于医院的教师都不是专业的思政教师,更需要科学系统的思政素养培训。这不仅是有效实施培训、保证培训质量的基础,也是充分实现师资价值的重要环节,能够构成了"以人育人"的师生成长共同体。

1. 院外培训

党和国家对思政教育工作的重视程度越来越高,医院可统一组织教师参加上级管理部门的统一培训,例如思政理论轮训、课程思政专题培训、示范课培训等,有专业的机构负责培训,着力提高思政元素敏感度,培养核心思政素养。医院教师需通过自身的积极主动性和创新开拓能力,形成"以人育人"师生成长共同体。

2. 院内培训

院内培训的方式可以更加丰富多样。医院应积极探索"思政金课程"相关内容的建设,强调将思政元素贯穿于学科专业体系、教材体系和管理机制体系中。培训老师可以是党委委员,也可以直接邀请院外专家来院作思政培训;医院的各教研室也可以根据学科特点制定个性化培训大纲,明晰培训要求,制定专属于自身学科类别的思政素养培训方案;医院可以每半年组织一次思政专题教学比赛,包括课程思政融入度竞赛、理论课程讲课比赛、实习小讲课比赛,激发教师在专业课中挖掘思政元素的能力,从而提高医院教师的总体思政素养;对于教学反馈效果非常好的"思政金课程",将课程视频放入医院信息系统平台供全院教师在线学习,形成无形的榜样感召力。

(三)制度化管理

良好的约束机制是促进专业教师在专业教育中加强对学生思想政治教育的重要手段。当前,随着医学教育改革实践的深入,要着力推动医学院附属医院课程思政由随意性、暂时性向规范化、制度化和长期化发展。第一,医院党委和各党支部要充分发挥统揽全局功能,除了加强过程管理监督和绩效考核评价外,医院有关部门可制定《关于加强和改进医学院附属医院师德师风建设的意见》,把立德树人的成效作为教学工作的根本标准,把师德师风作为评价师资队伍的重要标准,将核心价值观的引领贯穿教育教学全过程。第二,专业教研室要发挥组织协调功能。认真制定思政工作实施方案,细化工作目标任务,医院与各教研室主任签订《教师思政建设责任书》,明确教师责任,加强条件保障,充分调动医院教师开展思政工作的主动性。第三,医院要完善评价机制,建立科学、合理可行的考核评价机制,将道德教育评价指标纳入医院教师考核评价指标体系,并将考核结果全面应用于医院职工的年度考核、评奖评优、职务晋升和职称评聘等方面,这样能够加强医院教师对思政工作的重要认识,从而更好地推动思政工作的有效落实。

三、课程建设

(一)思政课程

思政课程是贯彻党的教育方针、落实立德树人根本任务的关键性课程。医院的思政课程与高校思政教育课程有所不同,前者课程里更多包含了职业道德,甚至还包含医学导论与医患沟通,所以医院里的思政课程可分五个亚专业方向,分别是医学导论、医患沟通、精神心理、职业规划、科研伦理(图2)。同时,在思政课程教育教学过程中,应注意以下原则:

1. 以全面提升思政素养为导向

思政课教师要清晰了解自己所授课程的重要性,自身也要通过积极地、创造地、主动地学习来提高自己的思政素养。基于此,思政课教师要全面提升自身的综合素养,包括政治素养、文化素养、法治素养、道德素养、信息素养、创新素养等,不断提高教育教学能力、教研能力、科研创新能力、沟通合作能力、学习和反思能力等各方面的职业能力。思政课教师应以坚定的理论自信、学科自信,站定政治立场,以新时代自信担当的精神状态充实完善自己。

2. 以面向学生发展需求为指引

思政课教师不仅要注重自身思政素养的培养,其课程目标方向还要始终面向学生的学业需求、心理发展、社会期待与社交需求等,才能真正增强医学生的职业认同感和获得感。在充分考虑学生的思想特点与认知规律之后,再贯彻立德树人的根本任务才能够做到事半功倍,教师与学生的能动性和潜力才能相互激发出来,才能做到教学相长,相互提高和促进。

3. 以富内容新形式相结合为目标

思政课程要始终坚持"富内容"和"新形势"相结合的总体目标。首先,思政理论课需要理论知识的支撑。其次,思政课程的内容要在理清脉络层次的同时延伸内涵,不能只是理论的堆砌。再次,思政课程要注重内涵建设。在从教材转向教学、再由教学转向学生的过程中,思政教师要承担起桥梁作用。最后,思政课程要注重新方法的传授,在思想性、理论性的基础上,以改革创新和自我革命来提升思政课的亲和力与针对性,展现思政课程独有的魅力。

(二)课程思政

课程思政延伸了思政的概念和内涵。医学院附属医院里的临床教师虽然不是专业的思政教师,但是可以通过深度挖掘专业课程本身的科学价值与思政元素,让学生深切感悟到课程内容背后的德育内涵,拓展其人文、医患沟通、祖国文化、核心价值观、家国情怀等内容。授课教师要将正确的政治立场和坚定的政治意识由近及远、由表及里地将学生向符合国家、社会需求的人才方向引领,达到专业课程与思政元素有机融合、相互促进(图2)。

1. 常规教学贯彻思政

以传授专业知识或技能为主的专业课教学活动是师生展开对话交往的经常性活动。医院专业课教师应杜绝教与育"两张皮"现象,改变单纯只传授专业知识和专业技能的现状,适当增设一些与专业课程内容及与社会紧密联系的价值观内容。在这个过程中,师生通过对话交流、共情感知进行知识分享,并由知识分享上升为价值观念引领。

2. 专题教学嵌入思政

医疗卫生事业的不断发展是人民幸福健康生活的重要保障。因此,医学专业理论课程或专业技能的讲授,不能是干巴巴的知识堆砌,而是将学生的专业学习和科学研究放到国家战略和人民期望中来思考和定位,充分挖掘专业课程背后的人文关怀、核心价值观、家国情怀等。如开展以"医学专业与医疗强国的关系"为主题的研讨,应充分调动学生的积极主动性,使其在准确把握医疗强国内涵的基础上,更重视各个学科在医疗强国建设中的价值和定位;开展以"健康中国与医学生的使命担当"为主题的研讨,使学生在准确理解健康中国提出的背景及其内涵的基础上,研讨各专业在健康中国建设进程中的责任担当,使学生较早地规划自己的职业生涯,树立明确的奋斗目标;开展以"医患沟通与人民美好生活的向往"为主题的研讨,引导学生换个角度看待医患矛盾,寻找所学专业与人民对美好生活的向往中的契合点,提高职业自豪感和光荣使命感。

3. 榜样典型融入思政

充分发挥榜样的示范效应。在医院专业课的教学实践中,通过医学领域先进事迹再现、典型代表访谈、嘉宾现场讲述等形式,展现"珍爱生命、大医精诚"的救死扶伤精神;还可以通过本院的先进人物和典型模范事迹,用身边故事、深情大爱感染全院每一个人;展现一代又一代医疗从业者不忘初心、执着坚守的传承力量和勇于担当、无私奉献的精神风貌。

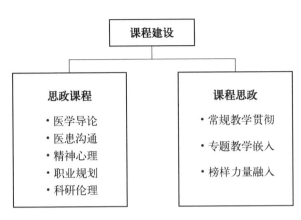

图 2　附属医院思政教学工作课程体系

四、评价体系

(一) 评价指标体系

科学系统的评价体系是促进医院教师在专业教育中加强思想政治教育教学的重要手段。一套完善的思政教学工作评价体系不仅能够引导教师在每一门课程中有机融入思政教育元素，培育一批充满思政元素的医学示范通识课程，还能强化教师"课程思政"的意识，以德育人，培育一批充满魅力的课程思政优秀教师。

通过文献查阅，初步建立了医学院附属医院思政教学工作评价体系，主要内容包括：师资队伍建设和课程建设 2 项一级指标；师德师风、思政素养、教学目标、教学过程、教学评价 5 项二级指标；师德师风标准、思想认识水平、思政元素敏度、人才方向引领、教学目标纳入、教学资源多元、教学内容融入、热点话题融入、教学方法融入、考核方式融入、医院督导评价、教研室评价、学生评教 13 项三级指标，详见表2。

表 2　附属医院思政教学工作评价体系

一级评价指标	二级评价指标	三级评价指标	考 核 说 明
师资队伍建设	师德师风	师德师风标准	坚持依法执教、爱岗敬业、关爱学生、团结协作、为人师表
	思政素养	思想认识水平	坚持正确的政治方向和坚定的政治信仰，有家国情怀；不发表不当言论，并能够及时制止其他人发表不当言论

续　表

一级评价指标	二级评价指标	三级评价指标	考　核　说　明
师资队伍建设	思政素养	思政元素敏度	善于挖掘专业课程自身的思政元素,让学生深切感悟到课程内容背后的德育内涵
		人才方向引领	熟悉所授专业学生职业标准,把学生向符合国家、社会需求的人才方向引领
课程建设	教学目标	教学目标纳入	课程思政目标体系纳入人才培养方案、课程质量标准、课程教学大纲、课程考试大纲等的目标中
	教学过程	教学资源多元	有丰富的提高学生思政素养的教学资源,营造全过程提升学生思政素养的氛围
		教学内容融入	教学内容融入思政元素,关注情感、态度与价值观的融入度
		热点话题融入	教学过程中能将社会中的热点话题结合专业相关知识,寻找与学生思想的契合点,实现价值引领
		教学方法融入	教学方法将思政元素融入课堂教学不同环节,展示教师在情感、态度与价值观方面对学生的引领
		考核方式融入	考核方式设计上体现融入隐性课程思政的内容,即考核在对学生知识、能力评价基础上体现课程思政教育成效
	教学评价	医院督导评价	医院督导评价内容增加师德师风考核和社会主义核心价值观引领考核,重点审核"知识传授、能力提升、价值引领"同步提升的考察点
		教研室评价	教研室评价着重考评教学过程是否融入思政元素,是否将专业课应讲授的职业道德融入知识与技能教学中
		学生评教	学生评教着重"以德育人"效果的反馈,学生是否喜欢这样的课程思政,是否对学生起到价值引领作用

（二）评价原则

医学院附属医院思政工作评价体系建立后,如果要做到评价结果的客观性,还必须遵循一定的评价原则,促进思政工作取得实效,达到教学相长的总目标。

1. 定性定量评价原则

科学的评价体系需要将定性评价方法和定性评价方法有机结合起来。思政教学效果评价更多的是思政元素在教学全程中的融入度,融入度的无形性往往被认为是一个定性的指标。然而教学效果所独具的延时性使得融入度仅通过定性方法无法做出评判,也许学生在几年后真正进入职场才能体现出来。所以,在评价过程中要将"融入度"量化,将其教学内容、教学方法所对应的情感、态度与核心价值观引领等细化成更具体的指标,可采用李克特评分量表进行打分,例如对"思政素养融入度"进行5级量表评分,分数为5—1分,相对应的等级分别是融入度高、融入度较高、融入度一般、基本未融入和未融入。只有这样定性定量相结合的客观性评价,才能激励教师和学生更好地参与思政教育教学。

2. 过程性评价原则

习近平总书记在2016年全国高校思想政治工作会议上强调,要把思想政治工作贯穿教育教学全过程。因此思政教学工作的评价也必然是全过程的。全过程不仅包括备课全过程、教学全环节,还包括考核全过程。从人才培养方案的落地,课程质量标准的制定,课程教学大纲、考试大纲的制定,教案的编写,教学实施到教学评价全过程,考核每一环节是否将思想政治教育作为基底,是否深入挖掘了专业课程中的思政内涵,是否将这些内涵融入每个重要的教学环节中。同时,医学院附属医院的思政全过程评价还包括实习和实训。只有这样全过程评价,思政工作建设才会落到实处。

3. 多元性评价原则

多元性的评价往往是保证课程教学评价客观性的路径之一。医学院附属医院教学工作往往是多元的,思政教学工作评价也应是多元的,唯一不同的在于明确规定了价值引领与能力培养在常规教学中的体现。思政教学工作多元评价主体包括院内督导、教研室评价、学生评教、企业与社会评价等,而且评价主体不同,其考核侧重点也不同。医院督导评价在知识技能传授的考核基础上,进一步加强师德师风和核心价值观引领的考核;教研室评价着重评价教学过程中是否体现了思政元素,是否在专业课中体现了职业道德的融入;学生评教着重课程的反馈,学生是否喜欢这样的思政教育,是否能够理解和消化各环节都包含的思政元素内涵,是否将职业道德教育融入医学生成长规律中等。企业与社会评价是对育人效果的考核,着重通过对学生思想政治素质、职业道德与职业操守、吃苦耐劳与精益求精精神的考察,检验学生综合能力是否为企业与社会所需。只有这样多元化评价,思政工作才会取得实效。

4. 激励性评价原则

激励性的评价原则可有效激发教师参与思政改革的积极性,提高思政工作成效,可尝试将思政教育总体工作的育人要求融入医学院附属医院教师的医教研评价体系,特别是要将师德、思想政治表现及育人成效作为评聘、考核教师、职称评定,岗位聘任等的首要标准。制定激励性评价制度,让教师通过评价明确自身优势、不足,为后续教育教学能力提升提供依据与支持。在强调教师责任与义务的同时,充分考虑教师的个人利益。借助薪资分配、待遇调整、榜样宣传等手段全面激励。优化各个课程教师协同育人的环境和机制,同时创造条件鼓励高水平教师在协同育人中发挥示范作用。

四、公立医院如何将党建研究工作落到实处

在新时代推进党和国家事业发展,离不开党的全面领导,离不开党的建设新的伟大工程。要使党的建设方向对头、方法得当、措施有力、效果明显,就不能没有理论思考和专门人才。因此,我们必须着眼于发现、遵循和传播党的建设的规律,着眼于回应党的建设的现实需要,深入推进对党的建设的研究工作。

要紧扣中心大局,精准选好课题。强化全局思维和系统观念,紧紧围绕工作实际,深入思考党的建设如何引领高质量发展,如何应对变局、开拓新局;经常性开展调查研究,提出真知灼见;围绕重点领域进行党建研究,推动形成富有成效、可复制可推广的党建理论经验。

要突出严谨规范,扎实开展研究。在研究破解重点难点问题的过程中,要以正确政治方向引领研究工作,用科学态度、辩证思维看问题、想办法。把理论与实践紧密结合起来,立足实践应用,突出实践价值,避免"空对空"。善于运用创新性思维,紧跟新时代党建工作推进步伐,勇于改革创新、攻坚克难,以改革创新精神破解重点难点问题。要深入基层开展调查研究,掌握第一手资料,发现问题症结,找准方法对策以"钉钉子"精神持续发力,推动问题得到有效解决。

要聚焦落地见效,推动成果转化。紧扣工作重点,探索加强不同领域党建工作的新思路、新途径、新方法,为构建新时代"大党建"工作格局注入活力、增

添动力。及时提炼基层党建特色做法,着力解决党的政治建设、思想建设、组织建设、作风建设等存在的重难点问题。突出理论的针对性、实效性,促进研究成果转化为行之有效的政策文件、制度措施和工作实践,发挥党建研究成果应有的作用。

第二节　公立医院基层党建品牌化

党组织是党的执政基石,是党的战斗堡垒。为了提高党组织工作能力,突出党建引领作用,获得的广大党员群众的认可,多数党组织通过打造自己的党建服务品牌,来突出党组织的独特性,激发党组织凝聚力。

党建服务品牌的建立对于发挥党建引领作用,拓宽基层党组织工作渠道,提升基层党建上质量、上水平有重要作用。但目前,部分党组织的"品牌党建"并未发挥应有的重要作用,甚至出现了脱离群众、脱离实际工作的情况。

一个优秀的党建服务品牌不仅要和自身实际相结合,也要与时俱进。要学会运用科技创新手段,在基层工作中落实自身特色,保证党建服务品牌的先进性、前瞻性。

一、党建服务品牌建设的基本内涵与特征

(一) 党建服务品牌建设的基本内涵

党建服务品牌包含了党的服务理念和工作特征,目的是深入贯彻落实为人民服务的思想,给群众带来最直观的感受,便于党组织更好地为人民服务。

党建服务品牌的建设方式指的是借用现代企业塑造公司品牌的策略和方式来推进党组织的品牌建设,重点体现服务的要求,突出创新的精神,将基层服务型党建工作打造得特色化、品牌化。服务型品牌是基层党组织品牌建设的主要目标,它的建立直接影响着群众对党组织整体工作的认定,体现了品牌具有的价值、特点和文化,更体现了党组织的工作理念和方向。

(二) 党建服务品牌建设的特征

党建服务品牌建设具有较强的历史性、时代性、创造性、基础性、实践性和长期性。基层服务型党建品牌在建设的过程中要善于借鉴企业品牌的建立方

式和发展技巧,但又不能全盘接受,因为企业塑造品牌的目的是提高知名度、获得更稳固的市场进而为自己谋取更多的利益,这种初衷无法迁移到党建服务品牌建设工作中来。

在建设过程中,要始终明确基层服务型党建品牌建设的目的是加强和改善基层服务型组织建设,更好地促进基层党建工作的改革与发展,更好地为民众服务、为社会服务。相关具体研究可参考示例4.5。

A医院党建服务品牌研究案例

课题名称	党建引领下推动支部品牌建设与业务发展深度融合研究		
课题类型	□党建文化	□党业融合	□党管人才

研究目的及主攻方向
一、研究目的
(1)探讨党建引领下的支部特色品牌建设与科室业务发展的深度融合。
(2)促进支部党建和业务工作有机结合、深度融合,创建有影响力的支部特色品牌。
(3)巩固推广特色品牌,发挥青年党员力量,探索创新,丰富品牌建设多样性,进一步促进党建与业务融合。
二、主攻方向
(一)B内科党支部引领医疗工作中特色业务发展,了解所面临的新挑战和新机遇
(1)新形势下B内科党建队伍面临着新挑战、新机遇,需进一步解决党建和业务工作"两张皮"现象,促进支部党建和业务工作有机结合。
(2)B内科业务发展现状及相关新政策研究。在支部引导下继续推广和巩固特色品牌,不断拓展特色品牌范围,丰富特色品牌内涵,彰显特色品牌影响力。
(二)党建引导下探索创新,丰富载体,形成特色品牌建设长期运行机制
(1)支部特色品牌培育创建工作要进一步注重从活动的主题、载体、内容、活动方式等方面,进行大胆探索、积极尝试、勇于创新,充分反映时代特点,不断适应当下医疗改革发展新形势,创新党建工作思路、机制和方式方法。
(2)联系实际,注重实效,把支部特色品牌创建与神经内科特色业务工作和实际情况紧密结合,党支部在开展党建工作的同时积极寻求党建与B内科亚专业(脑血管病、认知障碍、癫痫与神经电生理、帕金森与运动障碍疾病、眩晕、神经康复等)发展的契合点,带动特色亚专业品牌建设。突出党建特色、科室特色,体现多样性,找准方向和着力点,求精求实,切忌重形式、轻内容。注重及时总结凝练好方法、好做法,形成长效机制。
(三)加强青年党员人才队伍培养和建设,创立科室青年先锋队
充分发挥青年党员的主观能动性,在医疗改革中发挥先锋模范作用,引导青年党员自觉践行责任担当,充分发挥新时代青年党员的先锋模范作用。青年医生立足于亚专业的研究,丰富宣传媒介,扩大科室品牌的宣传度。

续 表

研究思路及创新之处	
一、研究思路 　　坚持以习近平新时代中国特色社会主义思想为指导，以引领党员干部职工立足岗位、争做表率为落脚点，牢固树立"围绕中心抓党建，抓好党建促发展"理念，在立足科室工作特点、认真总结支部党建工作的基础上启动"支部一特色、一支部一品牌"党支部党建特色品牌创建工作，创造和培育一批具有较强创新性、实效性、推广性的党建工作好做法和好经验，经过持续打造和提炼总结，形成具有较强示范性的支部党建工作特色品牌，进一步激发支部创新活力，增强党组织凝聚力和战斗力，推动机关党建工作能力和水平全面提升，为医院与科室事业高质量发展提供坚强组织保证。 二、创新之处 　　本课题的创新之处，在于基于B内科党支部工作优势，结合医疗改革现状，以党建工作引领下促进支部特色品牌建设与科室业务发展的深度融合。	
成果形式 （项目研究报告和可推广、可复制的工作方案）	（1）"党建引领下推动支部品牌建设与业务发展深度融合研究"工作报告。 （2）论文的发表及技术的应用。
党支部 意见	负责人签名：
党委 审核意见	

二、公立医院党建服务品牌相关活动方案

党建品牌是党组织先进性的体现，以实践党的宗旨为根本，不同于商业产品品牌，必须提高站位，把握正确的方向。命名应与支部属性以及学科发展行业特点和党建工作特点相适应。品牌的名字应当简单易记，易于传播，具有深刻内涵，要与上级党组织的党建品牌具有强关联性。公立医院党建服务品牌应视本院实际情况，结合自身党建特色，开展行之有效的活动，具体活动方案可参考示例4.6。

示例 4.6

A医院"支部＋"品牌党建活动方案

在疫情防控工作中，A医院党委创新推进"支部＋"工作新模式，把支部筑

在抗疫一线,动员全体党员不忘初心、牢记使命,发挥示范引领作用,带领群众冲锋在抗击疫情、救治患者和复工复诊最前沿,发挥党支部在战疫情、稳人心、解民忧的战斗堡垒和党员先锋模范作用。为进一步总结经验、凝聚成果,把党的政治优势、组织优势转化为复工复产的制胜优势和"我为群众办实事"的实践成效,拟推进开展"支部+品牌"建设活动,详细方案如下。

一、活动目标

牢固树立党的一切工作到支部的鲜明导向,营造"一个支部一个战斗堡垒,一名党员一面飘扬旗帜"的基层党建工作局面,加强党建和业务的同频共振,以党支部建设为载体,加强学科品牌建设内涵和品牌知晓度,为顺利推动科室、医院发展增强凝聚力。

二、活动形式

各党支部可结合工作和学科发展实际选择适宜的形式开展活动。

(1) 公益医疗品牌:聚焦病种命名公益项目(如:乳腺癌——传递红丝带;白内障——彩色世界公益健康行;先心病——天使心项目),开展公益宣讲、在线交流、联合会诊、公益筛查等活动,侧重病种治疗与新技术的宣传与服务。

(2) 医学研究品牌:以支部联建为载体,聚焦学科建设、医疗科研、成果转化等目标开展党建联建活动(如与兄弟医院党支部、大学科研管理部门党支部、医疗成果转化高新企业党支部等联建),侧重科学研究的开展与成果转化。

(3) 社区实事品牌:参照以院包科形式,党支部与街道、居民区对接,推动医疗服务下社区,开展社区义诊、健康科普、保健教育等活动,侧重为民办实事,积聚患者粉丝。

(4) 献礼红色圣地:党支部赴井冈山、瑞金、遵义、古田、沂蒙等革命老区、红色教育基地开展疾病筛查和诊断,并给予健康咨询等系列医疗服务,侧重增强医护人员的使命意识和担当意识,与当地医院建立帮扶关系。

三、创建要求

(1) 名称简短有力:用短语凝练品牌名称,形象贴切,朗朗上口。

(2) 内涵丰富深刻:充分反映党支部工作精神和医疗特色以及在推动发展、凝聚人心、服务群众等方面的重要作用。

(3) 理念先进精辟:品牌创建工作与"我为群众办实事"实践活动结合,让活动"走实"又"走心"。

(4) 党群联合推动:统筹、整合基层党群组织资源,党员与群众结对,党支部与工、青、妇等群团组织联合,构建组织、品牌、制度、推广、阵地等为一体的工作模式,联合推动品牌创建,着力构建党群一体化发展格局。

(5) 培育突出精品:找准方向和着力点,求精求实,可延续性长期开展。

四、活动安排

(1) 品牌酝酿(2021年7月下旬—2021年8月上旬):党支部召开支委会或支部党员大会,把群众需求高、可塑性强、预期成效明显、具有品牌发展潜质的党建典型确定为品牌培育项目。

(2) 品牌申报(2021年8月中旬—2021年8月下旬):党支部于8月31日前将申报表(附件)电子版发送至组织干部处。

(3) 内容审查(2021年9月上旬):组织干部处联合宣传处等相关部门对活动形式和内容进行资格审查和意识形态审查,对主题不突出、责任不明确、操作无载体的品牌予以退回并要求重新申报。

(4) 党委审议(2021年9月中旬):党委会讨论确定全院第一批5个"支部＋品牌"项目,在院周会上颁发队旗。

(5) 品牌创建(2021年9月下旬—2022年6月):第一批创建工作至次年"七一"前结束,择优在全院党员大会上进行授牌并介绍品牌创建成果。

(6) 品牌管理(2022年6月起):对已认定的第一批支部品牌按照新形势、新任务和新要求不断加强宣传推广,丰富品牌内涵,扩大品牌影响和价值。在巩固第一批品牌成果的基础上推进第二批支部品牌创建工作。

A医院党委组织部
2021年6月

附:A医院"支部＋"品牌活动申报表

品牌名称			
申报支部		品牌负责人	
品牌联系人		联系电话	
创建类型	□公益医疗品牌 □社区实事品牌		□医学研究品牌 □献礼红色圣地
创建目标 (300字以内)			

续　表

创建计划(可附页)含时间安排、人员安排、活动措施、创建特色等			
科主任(签名)		支部书记(签名)	
意识形态审查意见		资格审查意见	

第三节　公立医院基层党建智慧化

一、公立医院智慧党建现状与需求

（一）公立医院智慧党建建设现状

"互联网＋"时代下，推进党建工作的信息化进程成为重要趋势。而在新时代全面从严治党形势下，如何提高党建工作效率也是摆在公立医院党务人员面前的一个紧迫课题。2016年12月，《国务院关于印发"十三五"国家信息化规划的通知》就明确提出要推动"互联网＋党建"工作。

在这样的政策支持和时代背景影响下，新的信息技术不断进入医院工作、人类社会生活中，而党建引领也成为公立医院高质量发展的根本遵循，在智慧医院发展背景中，智慧党建成为推进党建工作进程的高效工具。

国内外智慧党建相关工作，主要涉及党建智慧化方向研究、党建智慧化宏观问题、党建智慧化平台实践及党建智慧化平台问题四个方面。

1. 党建智慧化方向研究

在中国知网检索以"智慧党建"为篇名的文献，从2011年的1篇到2017年的26篇，再到2021年的68篇，显示学者对智慧党建逐步表现出研究热情。目前党建智慧化方向研究分为两类，一是不同基层领域运用，二是新技术创新运用。

不同基层领域运用：研究领域涵盖医院、高校、城市基层党建等大部分党建领域。具体内容包括介绍公立医院"智慧党建"平台实施路径[1]、介绍部分城市基层党组织尝试并初步建立"智慧党建"情况[2]、互联网时代高校智慧党建面临困境及出路[3]等。

新技术创新运用：部分学者还将"智能云""人工智能"等互联网界新技术运用到智慧党建中，主要包括通过更新观念、培育人才、完善制度、监控风险等对策优化党建"云"建设，或利用"互联网＋"与人工智能驱动[4]、"5G＋人工智能＋"赋能等方式[5]对智慧党建工作进行研究。

2. 党建智慧化宏观问题

从党建信息化到党建智慧化已近20年，各阶段几乎都存在思想、制度、管理、建设等问题。例如，我国各级党组织在党建信息化建设过程中软硬件开发和应用仍缺乏统一标准[6]；智慧党建信息化建设存在信息化平台利用不充分、信息化、理念还需提升，党建信息化相关管理机制不完善等问题[7]；互联网党建理论研究已远远落后于实践创新，甚至落后于党政系统内的政策性研究[8]。

3. 党建智慧化平台实践

20世纪80年代起，随着互联网普及，陆续有学者将信息化与党建工作融合分析，并形成对党建信息化阶段的多种划分方式，如划分为推行电子党务、建立网站和创新党建手段三阶段；划分为电子党务、网络党建、智慧党建和云党建四阶段[9]；还有学者将党建工作信息化发展进一步细化为三个时

---

[1] 王文婷,乐燕娜,黄进宇等.公立医院"互联网＋党建"工作路径研究[J].现代医院管理,2019(6)：89-92.

[2] 张晓妍.政党社会化视角下基层党组织"智慧党建"研究——以陕西省为例[J].延安大学学报(社会科学版),2020(3)：38-44.

[3] 白春乐,袁武振.互联网时代高校智慧党建面临的困境及其出路[J].学校党建与思想教育,2022(4)：42-44.

[4] 刘春丽,马凤毛."互联网＋"与人工智能驱动党建研究——高校"智慧党建"的理论创新与发展趋势[J].大连大学学报,2019(4)：62-67.

[5] 王越芬,申晓腾."5G＋人工智能＋"赋能的智慧党建新模式探究[J].领导科学,2020(14)：26-30.

[6] 陈发鸿.党建信息化问题探析[J].中共福建省委党校学报,2012(9)：112-116.

[7] 吕丹.党建工作信息化建设探析[J].党政干部学刊,2016(7)：40-42.

[8] 吴记峰,邓善凤.城市基层党建视阈下的互联网党建创新路向研究——以深圳"智慧党建"建设为例[J].广东行政学院学报,2020(2)：40-48.

[9] 陈雄辉,张韵.党建信息化的演化及其本质[J].岭南学刊,2015(6)：61-66.

期：推行电子党务、实现办公信息化时期、建立党建网页与党建网站时期、党建信息化即时化与党建网络体系化时期①。

4. 党建智慧化平台问题

"互联网+"基层党组织建设还处于初级阶段，无论是建设形式、内容选择还是思想、制度等方面，都存在一定问题。思想层面，对信息化手段"不敢使用、消极使用和过度使用"问题仍突出；管理层面，"发展不均衡、标准不统一、维护不到位"问题待解决；能力层面，部分基层党员"不会用网、不深用网、不善用网"等能力不足的问题较普遍；保障层面，缺"资金、人才、机制"的问题亟待改善。②

（二）公立医院智慧党建建设需求

近年来，以"公立医院+智慧党建"为主题的研究逐步升温，部分公立医院也开展智慧党建实践运用工作，但受互联网本身特点及基层党组织存在的主客观原因影响，当前的智慧党建工作在制度建设、平台构建、管理创新及机制保障等方面仍处于起步阶段。

在研究内容上，多聚焦党建信息化硬件创新对基层党建技术的支持，很少涉及智慧党建云平台管理制度建设及保障机制，以致智慧党建工作仍缺乏可运用的统一标准，一定程度上影响了党建管理效率。在使用感知上，基层党员对该项目满意度及需求的实证研究几乎空白，无法了解其对智慧党建的实际认可度。

因此，公立医院的智慧党建建设需要立足医院实际和调研需要，以组织力建设为抓手，逐步构建涵盖各类群体（党员、群众、统战人士等）、多元需求（学习资源需求、党务操作需求、人员管理需求等）、多终端覆盖（手机、电脑、展示屏等）、多场景应用（管理平台、移动应用、数据大屏监控等）的党建智慧化管理系统。建立一个以党建制度化为基础，党务功能全上线，充分利用党建数据材料推动党员教育、发展、管理，继而推动精细化管理党建信息系统的建设。

---

① 刘红凛.党建信息化的发展进程与"互联网+党建"[J].南京政治学院学报，2016(1)：34-40.
② 张亚勇.以党建工作信息化推进基层服务型党组织建设[J].学习论坛，2015(3)：23-26.

二、公立医院智慧党建工作方案

(一) 概述

1. 政策背景

在我国已进入全面深化改革的关键时期,党建工作对提高医院核心竞争力、实现医院科学发展起着重要作用。

2017年7月印发的《国务院办公厅关于建立现代医院管理制度的指导意见》(国办发〔2017〕67号),在"二、完善医院管理制度"中强调"在决策程序上,公立医院发展规划、'三重一大'等重大事项,以及涉及医务人员切身利益的重要问题,要经医院党组织会议研究讨论同意,保证党组织意图在决策中得到充分体现";在"四、加强医院党的建设",明确提出"充分发挥公立医院党委的领导核心作用""全面加强公立医院基层党建工作""加强社会办医院党组织建设"。

2018年6月中共中央办公厅印发《关于加强公立医院党的建设工作的意见》,再次强调充分发挥公立医院党委的领导作用、着力提升公立医院基层党建工作水平以及不断强化对公立医院党建工作的领导和指导。医院党建工作在新时代发展下的重要性可见一斑。

2. 技术背景

随着医疗卫生体制改革的不断深化,医院党建工作已难以适应医院改革发展的需要。特别是移动互联网、大数据和云计算等技术的普及和应用,依托新技术进行党建创新、积极推进智慧党建建设,已经成为新时代下的迫切需要。因此必须尽快适应"互联网+"新常态,借助互联网、移动网络、大数据等技术对党的组织活动等进行智能管理,形成党的建设的智慧环境。

3. 建设目标

伴随着各种网络信息技术的广泛应用和普及,依托新技术进行党建创新,积极推进党建信息化网络建设,已经成为新时代下的迫切需要。因此必须尽快适应"互联网+"新常态,尽快改变传统工作和管理方式,利用信息化手段实现党建工作创新、实现党建工作的转型升级。实现在党务管理、干部工作、人才培训、党建宣传以及组织工作的日常业务处理等方面静态管理和动态管理的统一,从而全面提升党组织工作的效率和水平。

(1) 强化组织管理。通过组织建设管理,对组织信息和党员信息进行实时管理,包括对党员发展情况监督、支部建设历史查看等功能模块加强党的组织建设相关工作。

(2) 促进党务学习。通过学习教育管理,帮助党务工作者学习党务知识,做到互相学习、互相促进和共同提高。

(3) 完善制度建设。全面推进党的政治建设、思想建设、组织建设、作风建设、纪律建设,把制度建设贯穿其中。

(4) 实现信息共享。运用"互联网+"的技术,借助电脑端、移动端等媒介,进行党建宣传。党务工作者及时发布工作动态,便于机关人员实时掌握工作情况,促进党员交流互动。

(5) 提升服务质量。组织开展学习积分激励,并提供更多的便捷服务,如手机查看通知、上报信息和党费缴纳等。

(6) 钉钉移动党建。通过钉钉平台,打造医院"云党建"。

(二) 医院智慧党建平台建设规划

医院智慧党建系统是一套基于"互联网+"思维而打造的一款智慧党建产品,符合医院党组织部门的需求。通过这个平台可以有效管理党组织及党员信息,加强党建信息宣传,提升党建工作管理效能,增强基层党建新活力等。本产品可以在统一管理平台部署、独立系统部署,也可以集成于医院现有内部协同办公平台。医院党建系统的功能包括组织建设管理、党建资讯、组织活动管理、在线党校、党费管理、民主考核、大数据统计分析等。

1. 平台理念

以"管"为重点:管党员、管组织、管学习、管工作、管党费,聚焦全线场景,打通所有流程,一管到底,一管到位。

以"抓"为驱动:抓服务、抓活动、抓思想,指导医院党组织标准化、规范化建设,为全面落实党建思想注入一支"强心针"。

以"人"为本:送关怀、树榜样,实现模范引领、示范带头,不断扩大医院党建工作的辐射力。

2. 平台设计

将传统党建工作模式转移到手机端,以党员发展、三会一课、党费管理、在线学习等为核心模块,应用到手机APP、门户网站等交互平台,打破空间和时间的局限,将党务工作辐射到医院各科室及各类人员,促进党建与业务工作有机融合,做到党建工作和业务工作两手抓、两促进。并以云上党建平台为载体,多维度融合党建数据,实现大数据化的可管可控,最终形成一套完善的党建生态管理体系,为进一步推进基层党组织、开展党务工作提供科学有效的决策支撑。智慧党建平台基本架构如下图所示。

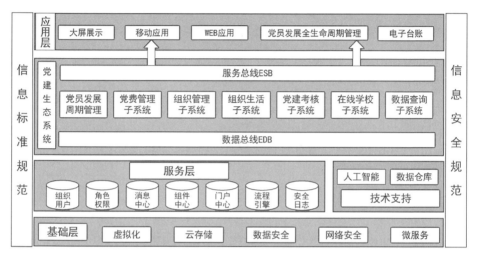

智慧党建平台基本架构图

(三) 建设愿景

(1) 学习型党建平台。智慧党建平台在"互联网+"的环境下打造党员学习平台,利用在线资料分享技术、在线视频点播技术、在线考试等,提高党员学习的效率。

(2) 效益型党建平台。智慧党建一方面通过网络管理工具提高党建工作的绩效;另一方面也可以通过网络化的考核机制反馈党建工作实效,为后阶段党建工作的调整提供决策依据。

(3) 服务型党建平台。智慧党建在"互联网+"环境下服务党建工作,以服务党员干部和群众的需求作为一切工作的出发点。互联网工具能够提供良好的沟通反馈机制。

(4) 文化型党建平台。智慧党建在"互联网+"环境下的网络媒体能够提供高效传播手段,这对于文化建设具有极为重要的意义。利用互联网工具促进自信、乐观、踏实、求真、务实和高度责任感等精神文化建设。

三、公立医院智慧党建工作实践

示例4.7以"基于'制度＋科技'的A医院党建智慧平台的创作经验"供各公立医院智慧党建工作进行实践参考。

示例4.7

基于"制度＋科技"的A医院党建智慧云平台的创新经验

一、背景与起因

随着电子政务、智慧城市等概念的实践运用,推进城市党建工作信息化也成为"互联网＋"时代下的大势所趋。公立医院作为党联系人民、服务群众的重要窗口,承担保护人民健康的重任,而加强公立医院党的建设是坚持以人民为中心、确保公立医院公益性的根本保证。

公立医院党务工作者有长期相似苦恼:绝大多数党务工作者都是兼职,经常会遇到医护党员因急诊、手术、外出等无法集中开展组织生活的情况,还有繁重的科研、教学等任务,党务工作存在全员学习难、信息查询难、记录不完整等痛点和难点,迫切需要创新实用载体,提高党务工作效率,助力打造上海医疗服务品牌。

很多地区把解决问题的方法寄托在"信息化"助力上,但根据调查研究发现,不少省、市现今的智慧党建系统存在推广难度大、用户使用低、数据不共享、互动性不强、资源不整合等问题,致使系统资源浪费和工作使用不合理问题频现。此外,在医疗系统中,部分医院已有智慧党建系统,但大多是使用医院内网且基于电脑客户端,存在用户使用少、移动应用差、数据利用难等问题。

这些问题怎么解决?基于"制度＋科技"的A医院党建智慧云平台给出了答案。A医院党委秉承"以人为本,方便操作;随手党务,方便查询;主动收集,方便审核"的理念,对党员进行"党支部标准化、规范化建设"问卷调查,同时对12位各级医院的支部书记、专兼职党务工作者进行深度访谈,对访谈结果进行质性分析,结合问卷分析结果梳理党组织建设现状和需求明细,有机整合需求,结合"学习强国"党员教育通道,开发了基于钉钉平台的"支部云"医院党建智慧云平台。

二、特色优势

该平台具有"党务工作全覆盖,发展党员全纪实,党员信息全管理,在线学习全记录,活动开展全落实"的创新性及"一体三端,以人为本,多维融合"的实用性。该平台可应用于手机钉钉APP、门户网站等多终端,多维度融合党建数据,实现大数据的可管可控,以此打破党务工作空间和时间的局限,达到让党务人员爱用、让党员爱用的目标。

(一)党务工作全覆盖

将传统党建工作模式转移手机端,全面覆盖党组织管理、党员发展管理、党员信息统计、党员奖惩管理、党员学习管理、党组织关系转接、党费管理、党建经费使用管理预览、支部考核等交互平台(图1、图2)。打破空间和时间局限,将党务工作辐射到医院各科室党员,促进党建与医院业务工作的有机融合。

图1 "制度＋科技"党建智慧平台实现党务工作全覆盖

图2 "制度＋科技"党建智慧平台功能实例:内部组织关系转接功能

(二)组织工作全纪实

发展党员是党的建设中一项基础性的、常规性的工作,而繁重的医疗业务工作让相关党务工作者很难规范性完成这一工作。传统管理模式容易导致这一过程中的档案发生错漏。

针对党员在"党支部标准化规范化工作"党支部疲于应付、积极性不高的问题，该系统将目前国家规定的党员发展工作流程5个环节25个步骤从纸质版移到线上进行有效备份提醒。从申请人填写首次入党申请开始，相关支部云平台按阶段自动推送、及时提醒、实时查看，协助对该发展人员完成标准化、规范化的党员发展管理及纸质台账的梳理，使冗杂的管理扁平化，从而减少管理发展党员流程中的错误，提高效率。通过全动态监管实现党员发展流程透明化、管理规范化、数据可视化、党务智能化。当25个步骤全部完成，该成员成为正式党员后，即可有效形成该成员全生命周期的发展党员管理体系（图3）。

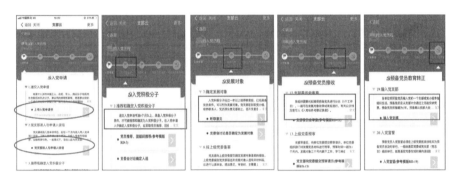

图3 发展党员线上管理体系

针对部分支部发展动力迟缓，尤其是联合党支部内部管理缺少纵向对比数据的现实痛点，开发支部年度成长记录手册功能（图4），打造党建智慧网格，帮助支部由"他治"向"自治"迈进。

图4 支部年度成长记录

(三)党员信息全管理

该平台基于大数据信息搜集和运用,实现A医院党建工作可视化、常态化、制度化。进入系统可以看到,医院党委在后台群组中建立的党委群组,群组下设全部在职党支部,支部多名党员、发展对象、积极分子等均加纳入"支部云",实现党员信息管理体系,实现"一张视图管全员"的目标。通过分级权限,对党员、非党员根据不同身份标识需求特点设置不同展示界面。

因此,大到各党组织内部党员男女、学历等情况,小到某发展对象党员发展的实时情况,都能在平台精确显示(图5)。此外,平台系统还会定期整理分析党支部相关情况,让党支部负责人第一时间掌握全院支部党建工作热点及定点联系工作情况(图6),真正实现党建"零距离"。

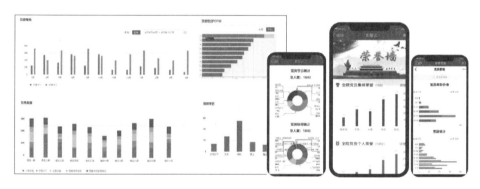

图5 党建数据"驾驶舱"

图6 党建定点联系卡

（四）活动开展全落实

针对党员对于党务工作媒介中项目需求，医院将"三会一课"、主题党日等组织生活从线下发起线下活动转移到以钉钉平台为载体，通过移动设备就能进行线上发起会议，对组织生活的全过程进行标准化、规范化、智能化管理。该模块还能在会前通过即时提醒功能，温馨提醒参会人员；会中通过语音录入转成文字的方式用以进行便捷的会议记录（图7）。

图7 "三会一课"电子台账

结合公立医院行业特点，将民主评议党员等工作迁移线上平台，避免因党员流动导致历史测评数据和材料等丢失（图8）。

图8 线上测评功能

（五）在线学习全记录

打破传统集中学习方式，借助移动设备，结合"学习强国"等多种学习平台，多元化开展党建学习活动,搭建线上资料库、试题库,突破时间和空间的限制,为医务党员学习提供便捷。如医院最常见的党员集体学习、党员干部培训(图9、图10)、发展党员教育培训等,从线下移至支部云平台,向支委、党员干部推送岗位适配的学习内容,提高思想政治工作的渗透性,帮助医务党员工作者合理利用碎片化时间进行学习,提升了党建工作效率。

图 9 在线干部培训学院

图 10 在线党校

三、成效与评价

随着大数据技术和互联网技术的发展,将传统党建工作模式转化为云上党建模式,对进一步提升公立医院党建工作效能有着重大意义。

（一）提升党务工作者工作效率，党员政治素养

本平台凭借"互联网＋"党建模式破解了传统党建工作中党务管理繁琐、信息迭代过慢、组织架构不合理、党务分工脱节、党员教育资源无法共享、党员学习时间无法保证和反馈不及时等难题，使管理服务党员更加便捷，党员与组织间、党员个体间的互动交流更加高效便捷，从而提升党务工作者的工作效率，提升党员的政治素养。

（二）大幅减少突发事件对党建工作影响

当今，视频会议已成为相关政务工作的新常态。而智慧党建平台则可成为公立医院党建工作顺利开展的且适应院感要求的首选媒介。医院可以借助基于钉钉平台优势，解决时间和空间难题完成三会一课工作，党费缴纳、组织学习等均可在网上进行，进一步丰富党务工作的内涵，通过后台增加学习平台的党课教育资源，优化学员互动功能，使平台内、用户间随时随地高效共享党政知识，有效提高党员对知识积累与工作创新的重视程度，大大强化了公立医院党组织的向心力和凝聚力。

（三）节省党建工作成本

"互联网＋"党建平台的构建，还有一个优势是省时省力与信息共享。基于这些传统党建模式不具备的新优势，平台能实现党员信息、党务工作流程、架构优化和党课资源共享、及时反馈党员信息变动情况与教育情况，信息化、无纸化的模式有利于环保，并节省大量人力、财力和时间成本，达到一体化、扁平化、可视化管理。

正是通过线上线下相结合的常态化监督，让党支部对党员"工作上多帮助、生活上多关心"的职责得以落实，促使普通党员能够把更多精力投入到本职工作中。

参考文献

【1】左慧琴.对党支部建设的历史考察及现代思考[J].开封大学学报,2019(1):54-56.

【2】马克思恩格斯全集:第19卷[M].北京:人民出版社,2006.

【3】列宁全集:第17卷[M].北京:人民出版社,1988.

【4】建党以来重要文献选编(1921—1949):第22册[M].北京:中央文献出版社,2011.

【5】刘小花.中共创建时期的经费来源情况考察[J].红广角,2011(8):21-24.

【6】中共中央文件选集:第1册[M].北京:中共中央党校出版社,1989.

【7】中共中央印发2018—2022年全国干部教育培训规划[J].重庆与世界,2018(11):6-12.

【8】沈秀琴.探索精细化管理视角下的高校培训体系构建[J].科技资讯,2018(24):134,136.

【9】中共中央文件选集:第1册[M].北京:中共中央党校出版社,1989.

【10】中共中央文件选集:第3册[M].北京:中共中央党校出版社,1989.

【11】中共中央文件选集:第4册[M].北京:中共中央党校出版社,1989.

【12】中共中央文件选集:第15册[M].北京:中共中央党校出版社,1991.

【13】中共中央文件选集(1949.10—1966.5):第24册[M].北京:人民出版社,2013.

【14】中共中央文献研究室.十二大以来重要文献选编:上[M].北京:人民出版社,1986.

【15】唐建红,朱洪英,王荣华等.36件护理不良事件原因分析[J].齐鲁护理杂志,2016(19):9-11.

【16】王吉善,陈晓红.从经验管理走向科学管理:医院管理工具应用案例集[M].北京:科学技术文献出版社,2014.

【17】卫生部医疗服务监管司.卫生部医院评审评价工作文件汇编[M].北京：人民卫生出版社,2012.

【18】张幸国.医院品管圈活动实战与技巧[M].杭州：浙江大学出版社,2010.

【19】冯伊平,李存桂.72件护理不良事件原因分析及防范干预方案[J].齐鲁护理杂志,2016(19)：45-47.

【20】冯成梅,林玉筠.护理不良事件的原因分析与干预方案研究[J].护士进修杂志,2014(12)：1089-1090.

【21】张福玲.医院护理品管圈应用问卷研制及现状调查[D].郑州大学,2019.

【22】王申.品管圈在护理管理中的应用现状[J].武警后勤学院学报(医学版),2013(6)：574-576.

【23】皋文君,叶旭春.品管圈活动及其在国内外护理研究中的应用进展[J].解放军护理杂志,2014(4)：26-32.

【24】李春香,王斌全,康凤英.品管圈的历史与发展现状分析[J].护理研究,2017(9)：1140-1142.

【25】李冬萍,蔡红雁.品管圈活动对控制静脉留置针输液护理风险的效果观察[J].护理实践与研究,2018(4)：92-94.

【26】梁铭会,刘庭芳,董四平.品管圈在医疗质量持续改进中的应用研究[J].中国医院管理,2012(2)：37-39.